경영을 알 수 있는

세상에서
제일 쉬운 **회계 책**

경영을 알 수 있는

세상에서 제일 쉬운 회계 책

세상에서
제일 쉬운

구보 유키야(전 국세조사관 · 경영 컨설턴트) 지음 Ⅰ 김영진 옮김

BM 성안당

저자 소개

구보 유키야 (久保 憂希也, くほ ゆきや)

주식회사 InspireConsulting 대표이사.
도쿄국세국의 국세조사관으로 세무조사를 담당했다. 그 후 (주)광통신에 전직하여 신규 사업의 설립을 담당하게 된다. 후발 사업을 하며 업계 탑10을 달성하는 대규모 사업으로 성장시킨다. 그 결과가 평가되어 새로운 신규 사업의 설립이나 상장기업과의 사업에 분주. 현재는 '성과가 전부'의 경영 컨설팅을 하고 있다.
저서에는 이 책의 전편 격이자 베스트셀러인 『경리 이외의 사람들이 가장 쉽게 활용할 수 있는 회계 책』, 『일본인 모두를 위한 일본을 위한 가장 쉬운 세금 책』 (이상, 디스커버 21 사(社)), 『머리의 회전을 돕는 45가지 방법』 등이 있다.

역자 소개

김영진 ja8239@hanmail.net

『김영진일본어한자읽기사전』의 저자로 널리 알려져 있으며 일본어 및 한자와 관련된 서적 50여 권을 저술한 베테랑 번역자이자 저자이다.
최근의 번역서로는 『BCP 책정 기초』와 『철도와 EMC』, 『수혈의 배신』, 『안 아프고 건강하게 사는 법』, 『의사의 거짓말 42가지』(이상, 성안당) 등이 있다. 또한 건강한 삶에 관한 정보 및 한자에 관한 지식은 ja8239 블로그(blog.naver.com/ja8239)와 9988스마일클럽 카페(cafe.daum.net/ja8239)를 통해 제공하고 있다.

회계는 미래를 설계하기 위한 도구

최근 비즈니스에 필요한 세 가지 기능은 '회계, 영어, IT'라고 하는데, 그래서 그런지 회계학을 공부하는 비즈니스맨들이 갑자기 증가한 것 같습니다.

하지만 '회계'라는 말만 들어도 어디서부터 손을 대야 좋을지 모르는 사람들이 많은 것 같습니다. 부기 시험을 목표로 공부하는 사람도 있고, 책방에서 닥치는 대로 회계학 책을 사서 공부를 시작하는 사람도 있습니다.

대개 "비즈니스를 하려면 회계학을 공부해야 한다"라고 하는데 그 이유는 무엇일까요?

가장 먼저 결산서, 즉 B/S(대차대조표)와 P/L(손익계산서)을 읽는 법을 배우고 싶다는 사람이 많습니다. 그러나 "실제로 비즈니스 현장에서 재무제표를 읽을 기회가 있느냐?"라고 물으면 대체적으로 "그다지 없다"라고 대답합니다.

일반적으로 회계는 과거의 경제 거래(무엇을, 얼마에, 몇 개 팔았다는 등)를 재무제표에 표기하기 위한 것이라고 여겨집니다. 즉, '회계=과거를 보기 위한 도구'인 셈입니다.

하지만 앞서 언급한 것처럼 경리나 재무 담당자 외에는 재무제표를 읽거나 활용할 기회는 그다지 없으므로, 그 기능을 모두 배워야 한다고 하더라도 솔직히 마음에 와 닿는 사람은 그리 많지 않을 것입니다.

회계가 과거를 보는 도구라는 개념은 회계의 전부가 아닙니다. 회계에는 또 한 가지 측면이 있습니다. 그것은 바로 '미래를 설계하기 위한 도구'라는 점입니다. 좀 더 구체적으로 말하면 회계라는 도구를 활용하여 다음 사항을 고려하는 것입니다.

- 회사의 수익을 증진시키기 위해서는 어떻게 하는 것이 좋을까?
- 수익을 창출할 수 있는 상품과 서비스는 어떻게 만들어야 할까?
- 진정으로 채산이 맞는지를 파악하기 위해서는 어떻게 하는 것이 좋을까?
- 회사 내의 평가를 어떻게 해야 사원들의 사기를 올릴 수 있을까?

제가 『경리 이외의 사람들이 가장 쉽게 활용할 수 있는 회계 책』을 출판한 지 2년이 지났습니다. 이 책은 회계 입문서로서 호평을 받고 있지만, 저에게 2년이라는 세월은 '회계란 어떤 것이어야 하는 것인가?'에 관해 다시 한 번 검토해보는 기간이기도 했습니다.

제가 다다른 결론은 "회계란 '왜'가 아니라 '그러니까 무엇이란 말인가?'에 관해 대답할 필요가 있다"라는 것입니다.

'왜'라는 과거 분석이 중요한 것이 아니라 오히려 '그러니까 무엇이란 말인가?'라는 '미래상(未來像)'에서 '현재 어떻게 하면 좋은 가?'를 이끌어내는 것이 중요합니다.

이를 위해서는 회계를 단순한 '지식'이 아니라 업무에 활용할 수 있는 '감각'으로 승화시키는 것이 중요합니다.

즉, '두뇌로 기억한 것을 의식적으로 활용하는 것'이 아니라 '의식하지 않아도 회계를 활용하는 것'이 중요한 것입니다.

이 책에서는 '분개(分介)', '회계 룰' 등을 가능한 한 생략하고 업무에서 활용할 수 있는 '회계 감각'을 익히는 데 초점을 맞추었습니다.

'의식해야만 활용할 수 있는 지식'이 아니라 '의식하지 않아도 활용할 수 있는 감각'을 익히는 데 조금이라도 보탬이 된다면 좋겠습니다.

저자 구보 유키야

요약 차례

프롤로그: 회계는 미래를 설계하기 위한 도구

제1장: 회계 수치를 개략적으로 이해하다

제2장: 비즈니스를 회계학적으로 고려하다

제3장: 회계학적으로 사고하면 업무도, 인생도 성공한다

제4장: 제무제표를 읽고 활용한다

제5장: 회사 가치를 회계학적으로 고려하다

에필로그: 회계는 자전거를 타는 것처럼 배워라

차례

프롤로그: 회계는 미래를 설계하기 위한 도구 •5

제1장 • 회계 수치를 개략적으로 이해하다

- 경리 업무와 재무 업무의 차이는? •16
- 회계 업무는 크게 세 가지 종류로 분류한다 •21
- 회계지식이 불필요한 세 가지 패턴 •26
- 사업은 확장되고 있는데, 자금이 부족하다? •28
- 과거를 보는 사람, 미래를 보는 사람 •31
- 예실(豫實) 관리를 하는 이유 •35
- 관리회계를 하는 이유 •37
- 회계분석을 하는 이유 •40
- 수치를 분석할 때 중요한 '세 가지 비교' •44
- '두 가지 나눗셈'으로 본질을 파악한다 •47

제2장 • 비즈니스를 회계학적으로 고려하다

• 회사는 왜 수익을 내야만 하는가? •52

투자 대 효과를 고려하다

❶ CASE STUDY '매출', '수익'보다 '투자에 대한 효과' •56

❷ CASE STUDY 감각상각비는 '투자'에 포함시키지 않는다 •59

❸ CASE STUDY 값싼 PC는 정말로 원가 삭감이 되는가? •62

❹ CASE STUDY IT 기업은 돈벌이가 되는가, 안 되는가? •65

• 창업하기 쉽다 = 폐업하기 쉽다 •71

• 업종에 따라 회계 수치를 보는 견해가 바뀐다 •74

• 스트럭(struck)도를 작성한다 •77

한계수익을 고려하다

❶ CASE STUDY 상품마다 한계수익을 산출한다 •80

❷ CASE STUDY 그 할인은 올바른가? 그렇지 않은가? •84

❸ CASE STUDY 적자에도 사업을 계속한다? •87

제3장 • 회계학적으로 사고하면 업무도, 인생도 성공한다

- 왜 '현금이 우선순위'인가? •92
- 닛산자동차 개혁을 손익분기점의 시각으로 고려하다 •95
- 매출로 경영 안정도를 판단하는 두 가지 포인트 •98
- 절감해야 할 비용, 절감하면 안 되는 비용 •103
- '만약 ~라면'으로 고려하면, 진정한 업적이 보이기 시작한다 •106
- 차입금을 상환하는 것이 중요한 이유 •110
- '무차입 경영 = 안정'은 정답인가, 오답인가? •114
- 내 집을 사야 하나, 말아야 하나? •118

제4장 • 재무제표를 읽고 활용한다

대차대조표를 읽고 활용한다

❶ CASE STUDY B/S로 회사의 진정한 실력을 알 수 있다 •124

❷ CASE STUDY B/S의 기본 룰을 파악한다 •128

❸ CASE STUDY 도요타의 대차대조표를 읽다 •131

손익계산서를 읽고 활용한다

❶ CASE STUDY 기본은 '여섯 가지 수익' •135

❷ CASE STUDY P/L은 아래쪽부터 본다 •139

❸ CASE STUDY '돈이 벌리고 있다 = 돈이 있다'가 아니다? •143

❹ CASE STUDY 수익은 '의견', 현금은 '사실' •145

현금 유동성 계산서를 읽고 활용한다

❶ CASE STUDY 현금 유동성의 다섯 가지 유형 •148

❷ CASE STUDY 현금 유동성이란? •151

세금 지식은 왜 필요한가?

❶ CASE STUDY 가격이 하락한 토지는 언제 매각해야 할까? •154

❷ CASE STUDY 미래에 대한 '투자'는 세금 이득을 본다 •157

제5장 • 회사 가치를 회계학적으로 고려하다

- 지금 이 순간은 무엇 때문에 존재하는가? •162
- 회사 가치는 무엇으로 결정되는가? •164
- 회사의 가치를 높이려면? •167
- 상장은 무엇 때문에 하는가? •170
- 자금 조달과 시가총액의 관계 •174
- 회사가 분식결산을 하는 이유는? •177
- 분식결산을 꿰뚫어보는 세 가지 포인트 •179
- 오래된 회사의 도산으로 보는 '재무제표에 없는 회사 가치' •182
- 정말로 가치 있는 것이란? •184

에필로그: 회계는 자전거를 타는 것처럼 배워라 •187

회계 수치를
개략적으로 이해하다

• 경리 업무와 재무 업무의 차이는? • 16

• 회계 업무는 크게 세 가지 종류로 분류한다 • 21

• 회계지식이 불필요한 세 가지 패턴 • 26

• 사업은 확장되고 있는데, 자금이 부족하다? • 28

• 과거를 보는 사람, 미래를 보는 사람 • 31

• 예실(豫實) 관리를 하는 이유 • 35

• 관리회계를 하는 이유 • 37

• 회계분석을 하는 이유 • 40

• 숫자를 분석할 때 중요한 '세 가지 비교' • 44

• '두 가지 나눗셈'으로 본질을 파악한다 • 47

경리 업무와 재무 업무의 차이는?

'회계'라는 말에는 매우 광범위한 분야가 포함되어 있습니다. 회계학을 배운다고 하더라도 어디서부터 어떻게 배워야 좋을지, 무엇과 무엇이 다른지를 알기는 쉽지 않습니다. 먼저 이 부분부터 정리해보겠습니다.

먼저 질문부터 하겠습니다. 독자 여러분은 '경리'와 '재무'의 차이가 무엇이라고 생각하십니까?

대기업에는 경리부서도 있고, 재무부서도 있지만, 그다지 규모가 크지 않은 회사에서는 재무부서가 없을 수도 있습니다.

제가 학교를 졸업하고 처음 입사한 곳이 국세청이라는 조직이었고, 소위 공무원이었기 때문에 일반 기업의 사정은 전혀 알지 못했습니다. 당시 담당하던 업무(=세무)가 애초에 '경리'로 분류되는 업무인지, '재무'로 분류되는 업무인지조차도 의식하지 않았습니다.

저는 전직하고 나서야 비로소 업무에 대해 생각해볼 기회가 생겼습니다.

막연하게 회계 공부라고 하면 많은 분들에게 제대로 동기부여가 되지 않을 것이라고 생각합니다. '머리말'에서도 언급했듯이 무의식중에 '회계=비즈니스맨으로서 알아두어야 할 지식·기능' 정도로 생각하고 있다면 실제로 그 기능을 활용할 수 없습니다.

여기서는 일단 경리와 재무의 공통점과 차이점에 관해 정리하겠습니다.

공통점

- 숫자를 다루는 직종이다.
- 단돈 10원도 수입을 만들지 못한다.

차이점

- 경리는 사실을 수치로 만들어 재무제표를 작성하지만, 재무는 만들어진 재무제표를 읽고 그곳에서 뭔가 통찰력을 얻는다.
- 경리는 과거를 다루고, 재무는 미래를 다룬다.
- 경리는 부가가치를 창출하지 않지만, 재무는 부가가치를 창출할 수 있다.

경리부서든, 재무부서든, 담당 직원이 몇 명이든, 회사에는 단돈 10원도 보탬이 되지 않습니다. 소위 '관리 계통의 비용(cost)센터'라는 업무입니다.

단, 재무는 부가가치(기업 가치)를 창출할 수 있습니다. 이는 결정적으로 경리와 다른 점입니다.

재무가 부가가치를 창출한다는 점이 상상이 되지 않는다는 사람은 다음의 예를 살펴보면 이해할 수 있으리라고 생각합니다.

- 재무제표에서는 반드시 회사의 목표(수익률·자본율) 등을 설정한다.
- 법인세액 등을 줄인다(절세 방법을 고려한다).
- 대차대조표(B/S) 등의 재무제표를 깔끔하게 정리하여 주가를 적정치로 한다.

공통점

- 숫자를 다루는 직종이다.
- 단돈 10원도 만들지 못한다.

차이점

- 경리는 사실을 수치로 만들어 재무제표를 작성하지만, 재무는 만들어진 재무제표를 읽고, 그곳에서 뭔가 통찰력을 얻는다.
- 경리는 과거를 다루고, 재무는 미래를 다룬다.
- 경리는 부가가치를 창출할 수 없지만, 재무는 부가가치를 창출할 수 있다.

[그림 1] 경리와 재무의 공통점과 차이점

즉, 경리는 발생한 일을 틀림없는 사실로 하여 수치를 기입합니다. 재무는 발생할 수 있는 일을 상정(想定)한 후에 수치로 판단합니다.

더욱이 회계는 경리와 재무에 공통적이고, 필요한 지식·기능이지만 굳이 말하자면 업무상으로는 경리 쪽이라고 할 수 있습니다. 이로써 경리와 재무의 차이점을 이해했으리라 생각합니다.

하지만 경리 업무와 재무 업무를 명확하게 분류한다고 해서 회사에는 어떠한 수익도 발생하지 않습니다. 여기서 알아두어야 할 점은 회계라도 업무의 방향성에 차이가 있다는 것입니다.

경리를 무시하거나 재무가 뛰어나다는 점을 강조하는 것이 아닙니다. 양쪽 모두 기업에 필수불가결한 직종입니다.

가장 큰 문제점은 이 차이점을 이해하지 못한 채 회계와 재무·세무를 공부하는 것입니다. 같은 회계를 공부하더라도 목적이 명확하지 않으면 공부하는 방법이 매우 달라집니다.

회계 업무는 크게 세 가지 종류로 분류한다

  좀 더 깊이 파고들어가 보면 경리 업무와 재무 업무는 크게 다음과 같이 분류할 수 있습니다.

- 경리 업무⋯'과거'의 거래 내역을 룰에 따라 기록하며, 재무제표를 작성한다(＝과거 회계).
- 재무 업무⋯경리가 작성한 데이터로 '미래'를 생각한다(＝미래 회계).

  아직도 이해가 되지 않는 사람은 다음과 같이 이해하기 바랍니다.

- 경리부서⋯과거의 거래 내역을 룰에 따라 재무제표를 작성하는 부서
- 재무부서⋯자금 조달과 자금 운용, 예산(목표) 등을 관리하는 부서

여기서부터는 매우 복잡해지기 때문에 잘 읽어보시기 바랍니다. 한 마디로 '회계를 공부하자'라고 말하지만 많은 사람들이 생각하는 소위 '회계'는 크게 세 가지 영역으로 분류할 수 있습니다('그러니까 회계란 잘 모르겠어'라는 결론에 도달하는 것도 이해가 갑니다).

1 재무회계(= 제도회계)

회계에는 대차대조표와 손익계산서 등을 작성할 때의 룰이 있는데, 그것을 배우는 것이 재무회계입니다. 우리가 일반적으로 '부기'라고 부르는 것이 바로 이 분야에 해당합니다. 영어로는 'financial accounting'이라고 하는데, 이것의 기본은 '룰 파악'입니다.

2 관리회계(= 비제도회계)

1과 달리 룰을 기억하는 것이 아니라 1에 근거하여 작성된 재무제표를 바탕으로 하여 어떻게 하면 회사에 수익이 남을 것인지를 생각하는 것이 관리회계입니다. 변동비와 고정비로 분해하여 손익분기점 계산을 하는 것이 바로 이 분야에 해당합니다. 영어로는 'management accounting'이라고 하는데, 이는 경영을 하는데 반드시 필요한 회계입니다.

3 재무

주가가 결정되는 방법과 M&A(인수와 합병)에 관한 공부를 하고

싶다면 재무(finance)를 배울 필요가 있습니다. 그것은 바로 자금
조달과 자금 운용 분야입니다.

잠깐 이야기가 되돌아갑니다. 어느 정도 이상의 규모가 있는 회
사라면 경리부와 재무부가 있지만 이제까지 살펴본 ①~③에서 대
부분의 업무는 다음과 같이 분류할 수 있습니다.

① 경리부
② 재무부 및 경영기획실과 홍보
③ 재무부

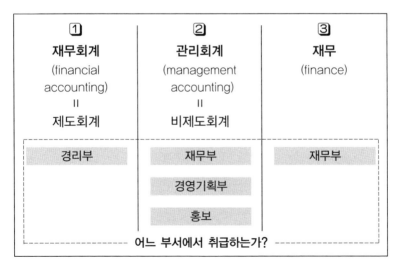

[그림 2] 회계는 크게 세 가지 종류로 분류할 수 있다.

이러한 설명을 하는 이유는 **'부기를 배워야 하는 것은 경리부서의 사람들뿐'**이라는 사실 때문입니다.

부기는 자격 시험 중에서 중요한 분야이지만 여기서 배워야 하는 것은 어디까지나 재무제표 등을 작성하기 위한 룰이지 일반적인 비즈니스에 도움이 되는 지식이 아닙니다(단, ❷, ❸의 업무를 수행하기 위해서는 최소한의 부기 지식이 필요합니다).

❶ ~ ❸의 분류를 기억해두면 또 하나 좋은 점이 있습니다. 그것은 바로 회계에 관해 배우려고 할 때 구체적으로 무엇을 공부하면 좋을지, 어떤 책을 읽으면 좋을지를 알 수 있다는 점입니다.

머리말에서도 언급했듯이 '비즈니스맨으로서 회계 기능을 배우고 싶다'는 막연한 목적으로 회계에 관한 서적을 읽으려고 하면 어떤 책이 자신에게 유용한 것인지 전혀 알 수 없습니다. 많은 사람들이 회계학 책을 여러 권 구입하면서 "회계는 잘 모르겠어요"라고 말하는 것은 책 선택 단계에서부터 잘못된 것일 수 있습니다. 자신이 배우고 싶은 것이 무엇인지를 분명하게 이해하지 못하면 아무리 좋은 책을 읽어도 의미가 없습니다.

회계지식이 불필요한 세 가지 패턴

회계는 매우 재미있기 때문에 **회계의 필요성을 절감하는 것은** 대부분 '**사업이 순조롭게 진행된 후**'입니다(유감스럽지만).

반대로 말하면 막연하게 '회계 기능을 배워야지' 하고 생각하는 사람이라도 사실은 회계 공부가 불필요할 수도 있습니다. 이는 다음의 세 가지 패턴으로 나누어볼 수 있습니다.

① 사업이 순조롭지 않을 때

매출이 늘어나지 않고 적자 상태라면 눈앞의 현금에만 신경이 쓰이기 마련입니다. 이는 수익을 논하기 이전의 문제로, 현금을 어떻게든 마련해야 하는 상황에서 '재무제표 같은 것은 언급할 때가 아니야'라는 패턴입니다.

이 경우에는 실제로 세금도 거의 발생하지 않으므로 일일이 수익 계산 같은 것은 하지 않아도 됩니다.

② 소규모 사업일 때

사업을 대규모로 하지 않는 경우에는 언제, 얼마가 들어오거나 나가는지 재무제표 같은 것을 보지 않아도 머릿속으로 계산할 수 있습니다.

실제로 구멍가게 수준의 사업이라면 회계를 배울 필요가 없습니다. 다시 말해서 가계부의 연장선에 있다면 복잡한 회계 같은 것은 배울 필요가 없다는 것입니다.

③ 현금의 흐름이 원활할 때

사업의 규모가 어느 정도 크더라도 복잡한 회계 처리가 필요하지 않을 수도 있습니다. 그것은 바로 현금의 흐름이 원활한 경우입니다(예 매출한 돈이 미리 입금되거나 그 자리에서 바로 들어오는 경우, 차입금이 없는 경우, 지불이 매월 말에 계좌 입금 처리되는 경우 등) 이러한 비즈니스 스타일에서는 현금 유동성만 파악해두면 수익 금액을 산정할 수 있습니다.

사업은 확장되고 있는데, 자금이 부족하다?

비즈니스를 하는 데 있어서는 돈의 흐름이 복잡하고, 사업이 확장되어 가는 국면에서는 미래에 대한 전망이 좋지 않기 때문에 '수익'이나 '현금'을 어떻게 계산하고, 의사결정에 어떻게 반영할 것인지(기쁜 일이기는 하지만)를 갑자기 고민해야 할 시기가 오기 마련입니다.

사업이 제대로 이루어지지 않는다면 회사에 돈이 없는 것은 당연하지만, 사업을 더욱 확장시키고자 할 때는 자금이 부족해지기 마련입니다.

'사업은 확장되고 있는데 자금이 부족한' 경우를 두 가지 패턴으로 나누어 설명하겠습니다.

사업은 확장되고 있는데 자금이 부족하다 ❶

[1] 사입이 있는 비즈니스의 경우

인터넷 쇼핑몰처럼 상품 등을 사입한 후에 판매하는 비즈니스

스타일의 경우를 고려해보겠습니다.

아무리 인터넷 쇼핑몰에서 날개 돋친 듯이 팔린다 하더라도 애당초 상품이 없으면 팔 수 없습니다. 사입이 불가능하면 판매하는 일조차 불가능하기 때문입니다.

1개 6,000원에 사입하여 1개 1만 원에 판매한다고 가정합시다. 이달에 100개 모두 팔렸다면, 매출은 100만 원이고 사입은 60만 원이므로 수익은 40만 원입니다.

그러나 다음 달은 더 많이 팔릴 것이라고 생각하고 200개를 사입했다면 어떻게 될까요?

6,000원 × 200개 = 120만 원

120만 원이라는 돈이 먼저 지출되어 버립니다. 지난 달의 수익은 40만 원인데도 말입니다.

이처럼 사입이 있는 경우에는 사업을 확장할수록 수중의 현금이 부족해지기 마련입니다.

사업은 확장되고 있는데 자금이 부족하다 ❷

2 차입의 상환이 있는 경우

사업을 확장하려면 사입을 하거나, 직원을 채용하거나, 큰 사무실을 빌려야 하기 때문에 돈이 먼저 지출됩니다. 그래서 결국 은행으로부터 돈을 빌리게 됩니다. 이 차입금을 상환하면 현금은 없어져 버리지만, 이것이 곧 경비가 되지는 않습니다. 이는 돈을 빌렸을 때 현금이 들어와도 매출로 이어지지 않는 것과 마찬가지입니다.

이렇게 되면 돈은 없어지는데도 경비가 되지 않으므로 감각이 둔해져 버립니다. 일반적으로 돈이 지출되면 경비가 되어 세금이 줄어들고, 수익이 나면 더 많은 세금이 부과되어 세금을 납부해야 합니다.

이처럼 사업이 잘 되지 않아도, 생각한 것보다 잘 되어가더라도 '자금이 부족하다'라는 딜레마에서 벗어날 수 없다고 '느끼'게 되는 것입니다.

회계를 배우면
'왜 돈이 부족할까?'
'어떻게 하면 돈이 부족한 상황을 피할 수 있을까?'

를 알게 되며, 이를 실천할 필요가 생깁니다.
자금이 부족해진 후에 회계를 공부하더라도 이미 때는 늦습니다.

과거를 보는 사람, 미래를 보는 사람

회계는 본래 회계 데이터를 보고 '그럼 나는 회사와 비즈니스를 잘하기 위해 구체적으로 무엇을 하면 좋을까?'라는 질문에 대답할 수 있어야 합니다.

하지만 한편으로는 회계를 공부할수록 '과거에 끝난 거래를 처리하여 회계 수치를 작성하는 것'으로 생각하기 쉬운 것이 현실입니다. 따라서 비즈니스맨은 '미래를 위한 회계'를 의식하면서 회계를 공부해야 합니다.

여기서 알아두어야 할 것이 있습니다. 그것은 바로 '회사의 이해관계자에 따라 회계 수치를 보는 목적이 다르다'는 점입니다.

- 은행: 대출한 돈이 회수될 가능성이 있는지를 판단하기 위해
- 투자가: 투자에 대한 배당금을 확보할 가능성이 있는지의 여부를 계산하기 위해
- 경영자: 올바른 의사결정을 하기 위해

먼저, <u>은행은 '회사의 과거'를 봅니다</u>. 돈을 빌려주는 측은 회사의 '실적'을 중요시하기 때문입니다. 과거를 보고 '이 정도의 실적이 있으니까 돈을 빌려주어도 상환이 가능할 것이다'라고 생각하는 것입니다. 과거에 돈벌이가 되지 않았다거나 창업한 지 얼마 지나지 않은 회사가 은행에서 돈을 빌리는 것이 어려운 이유는 바로 이 때문입니다.

한편, **투자가는 '회사의 현재와 미래'를 봅니다.** 왜냐하면 투자가에게는 지금 얼마만큼의 수익이 나고, 미래에 얼마만큼의 수익이 날 것인지가 중요하기 때문입니다.

장래성이 없으면 지금 주식을 내다파는 것이 좋겠다고 생각할 수도 있고, 장래성이 있으면 주가가 상승하기 전에 주식을 매입하려고 생각할 수도 있습니다. 투자가에게 과거는 이미 지나가 버린 일입니다.

투자가인 벤처 캐피털은 대표적인 사례입니다. 벤처 캐피털은 돈을 빌려주는 은행과 달리 돈을 회사에 '출자하는' 입장입니다. 그리고 대개의 경우 상장 등을 기회로 보유하고 있던 주식을 매각하고 큰 자본 수익(capital gain)을 얻으려는 목적을 가지고 있습니다. 따라서 당연히 현재 적자라고 하더라도 장래가 유망하다면 출자를 하는 것입니다. 즉, 벤처 캐피털은 현재와 미래를 보고 의사결정을 하는 것입니다.

실제로 상승일로의 대표적인 기업으로 불리는 아마존도 창업 당

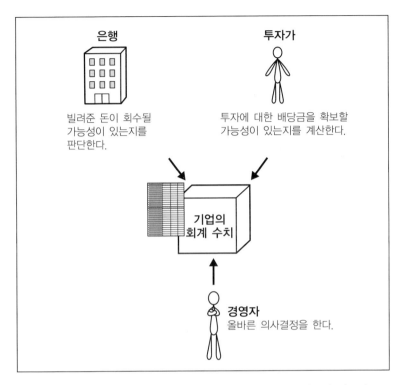

[그림 3] 이해 관계자에 따라 기업의 회계 수치를 보는 포인트가 다르다.

시 뿐만 아니라 상장할 때까지 줄곧 적자였습니다. 그러나 장래성이 있다고 판단한 벤처 캐피털이 거액을 출자하였습니다. 2012년 3월에 창업한 라이프넷생명보험은 인터넷으로 생명보험을 신청할 수 있기 때문에 그만큼 보험료가 낮아진다는 점을 부각시켰지만 이 회사도 창업이래 한 번도 수익을 내지 못하고 상장하였습니다. 장래성이 예상되면 적자라도 상장할 수 있는 것입니다.

그리고 경영자는 항상 '회사의 미래'가 좋아질 수 있는 방법을 생각하면서 이를 실행에 옮기는 것이 주요 업무이므로, 이를 위해 회계를 활용합니다. 경영자에게 '회계 감각'이 없으면 회사는 잘못된 방향으로 나아가게 되는 것입니다.

똑같은 회계 수치라고 하더라도 누가 보느냐에 따라 포인트가 다르다는 점을 기억해두어야 합니다.

예실(豫實) 관리를 하는 이유

경리 업무는 비교적 이해하기 쉽지만, 재무 업무는 구체적으로 어떤 일을 하는 것일까요?

재무 업무 중에서 가장 비중이 큰 것이 '예실 관리'입니다. 예실 관리란, 매월(또는 분기마다) 예산(관리회계)과 실적 사이의 괴리를 분석하는 업무를 말합니다.

예실 관리를 하는 이유는 다음과 같습니다.

① 상장회사의 경우, 매분기 목표 수치(예산)를 공표(IR)해야 한다.
② 예산(목표)을 설정하여 인사 평가 등에 활용한다.
③ 예산과 실적 사이의 괴리를 파악하여 사업의 PDCA 사이클[1]을 회전시킨다.

---

1 PDCA 사이클: Plan(계획) → Do(실행) → Check(검증) → Act(개선)의 흐름으로 그 결과를 다음 계획에 반영하는 프로세스를 말한다. 최초 고안자는 '슈하르트'이고 이것을 체계화한 데밍(Deming) 박사의 이름을 따서 미국에서는 '데밍 사이클'이라 불리고 있다.

미래 회계＝예실 관리의 경우도 있지만, 저는 전혀 다르다고 생각합니다.

물론 예실 관리가 불필요하다는 것은 아닙니다. 예실관리는 특히 앞서 언급한 ③의 이유로, 어떤 회사에서든지 필요합니다.

목표를 수치로 정했다고 하더라도 실적과의 괴리를 파악하지 않으면 사업의 문제점을 파악할 수 없고, 예실 관리(관리회계)를 하지 않거나 경리에서의 처리가 끝나지 않으면 수치를 파악할 수 없습니다. 경리 처리는 통상적으로 그 달이 끝난 후 2개월 정도의 시간이 필요한데, 그렇게 되면 사업의 PDCA 사이클을 회전시키는 데 시간차가 너무 많아서 실제 비즈니스에는 대응할 수 없습니다.

그러나 예실 관리도 어차피 미래를 설계하기 위한 회계가 아니기 때문에 이를 아무리 빨리, 정확히 실행한다고 하더라도 결국은 끝나버린 것과의 대조일 뿐입니다. 즉, 아무리 예산(목표)과 실적 차이의 '원인'을 알아도 어떻게 해야 하느냐까지는 보여주지 않습니다. '원인'의 정확한 파악과 동시에 '지금부터 무엇을 해야 하느냐?'를 고려하는 것이야말로 이 책의 목적입니다.

관리회계를 하는 이유

제가 쓴 『경리 이외의 사람들이 가장 쉽게 활용할 수 있는 회계책』을 읽으신 분들의 의견 중에서 가장 많은 것이 관리회계 순번입니다.

구체적으로 말하자면 이 책에서는 "관리회계 → 재무회계 = 세무회계'라고 언급했는데, 이는 '재무회계 → 세무회계 = 관리회계'의 잘못이 아닌가 하는 의견이 많았습니다. 이러한 의견이 나오는 이유는 관리회계 실무상 파악 방법의 차이라고 생각합니다.

즉, 관리회계는 경영기획부와 같은 부서가 세무회계까지 처리된 후의 최종적인 회계 데이터를 넘겨받아 회사 내의 생산성과 사업의 성장성 등을 분석하기 위해 수행하는 업무이므로 '관리회계'를 가장 마지막 단계라고 이해하게 되는 것입니다.

여기서 관리회계에 대한 인식을 명확히 해두겠습니다.

관리회계는 경리와 재무·경영기획 등 (일부라도) 회계를 취급하는 부서가 아니더라도 누군가가 해야 할 일입니다.

이를테면 많은 직종에서 예산(장래 목표) 편성이라는 업무가 있습니다. 유감스럽게도 예산 작성은 "회사가 만들라고 하니까 싫어도 만들어야 한다"라고 말하는 사람이 많은 것 같은데, 곰곰이 생각해 보면 예산은 자신과 부서를 위해 작성하는 것이지, 아무런 의미 없이 작성하는 것이 아닙니다.

예산(목표)을 수립한 후 그 달이 끝나면 실적을 입력하고 그 차이 만큼(좋은 쪽도 나쁜 쪽도)을 체크하여 분석해야만 앞으로 어디를, 어떻게 개선하면 좋을 것인지를 고려할 수 있습니다. 즉, PDCA 사이클의 기점이 '예산'이라는 것입니다.

단, 예산(목표)은 제도회계(재무회계와 세무회계 등의 룰이 있는 회계)와 달리 목표를 철저히 관리하기 위한 도구이며, 작성 방법은 자유(그러니까 관리회계임)이므로 실적이 확정된 후에는 예산과의 괴리를 체크하고 그 실적치에서 제도회계로 수정해야 합니다. 그러므로 '관리회계 → 재무회계 → 세무회계'가 되는 것입니다.

좀 더 정확하게 말하면 '관리회계에는 올바른 순번이 없다'는 것이 정답일 것입니다.

관리회계란,
- 사업을 올바르게 평가하여 의사결정에 활용하기
- 부서와 사원을 적절하게 평가하기

위하여 있는 것이므로 항상 작성·체크되어야 하는 것이고, 이는
제도회계를 위해 해야 하는 것은 아닙니다.

제도회계 = 과거를 올바르게 나타내기 위한 회계
관리회계 = 장래를 적절하게 바라보기 위한 회계

라고도 할 수 있습니다.

관리회계는 회계라는 말을 사용하고 있지만 일반적으로 말하는
회계와는 뉘앙스가 다릅니다. 관리회계는 회사 경영에서 광범위하
게 파악할 필요가 있습니다.

회계분석을 하는 이유

회계에 관련된 대부분의 비즈니스 책은 일반적으로 회계분석 수법을 소개하고 있습니다. 예를 들어 ROA[2]나 ROE[3], 유동비율과 고정비율 등이 몇 가지 소개되어 있습니다.

그럼, 애당초 회계분석이란 무엇 때문에 있는 것일까요? '회계분석을 할 수 있다(알고 있다)=회계 능력이 있다'는 것일까요?

사람의 몸에 비유하면, 회계란 신체의 상황을 수치화한 것이라고 할 수 있습니다. '네, 건강합니다', '건강하지 않습니다'만으로는 무엇을 어떻게 해야 하는지 알 수 없습니다. 그러므로 일단 수치화하여 그것을 분석하는 데 의미가 있습니다. 비즈니스도 신체 관리와 마찬가지로 다음 순번으로 대체해야 합니다.

---

2 ROA(Return On Assets): 총 자산순이익률, 즉 기업의 총 자산에서 당기순이익을 얼마나 올렸는지를 가늠하는 지표
3 ROE(Return On Equity): 자기자본비율 또는 자기자본이익률, 즉 투입한 자기자본이 얼마만큼의 이익을 냈는지를 나타내는 지표

① 현재의 건강 상태는 어떤가? = 건강 진단

② 건강하지 않으면 구체적으로 어디를 치료하는 것이 좋을
   까? = 원인의 특정

③ 어떻게 하면 치유될까?(운동을 할 것인가, 약을 복용할 것인가)
   = 처방전 작성

또 회계분석은 크게 '☐1 공격력' '☐2 수비력' '☐3 지구력'의 세
가지 종류로 분류할 수 있습니다.

'☐1 공격력'은 신규 사업에 도전하거나, 신규 점포를 내거나, 매
출을 신장시키기 위한 능력이 있는지의 여부입니다.

'☐2 수비력'은 일시적으로 매출이 감소하여 적자가 나거나 수익
이 오르지 않는 점포를 폐쇄하는 등 채산성이 맞지 않는 사업을 중
단해야 할 때 비용을 조달할 수 있는 능력이 있느냐의 여부입니다.
공격력이 10점 만점이라도 수비력이 1점이라면 가망성이 없는 기
업이고, 수비력이 10점 만점이라도 공격력이 없으면 의미가 없습
니다. 즉, 공격력과 수비력은 균형을 이루어야 합니다.

통상적으로는 이 두 가지 종류만을 분석하기 쉬운데, 사실은 또
하나 소중한 축이 '☐3 지구력'입니다.

지구력이란, 지진 피해와 같은 자연재해나 중요한 거래처의 도
산 등 예기치 못한 사건이 발생하여 일시적으로 매출이 제로 상태

가 되더라도 견뎌낼 수 있는 능력을 말합니다. 수비력과 지구력의 차이는 우발성과 경상성(經常性), 즉 예기하고 있느냐, 아니냐의 차이입니다. 아무리 공격력이 있더라도 지구력이 없으면 돌발 사태를 극복할 수 없습니다.

저는 회계분석에 의미가 없다고는 생각하지 않습니다. 그러나 회계분석 계산 방법을 아는 것과 기억하는 것 자체는 의미가 없다고 생각합니다.

왜냐하면, 단지 한 가지 분석 방법으로는 공격력·수비력·지구력을 측정할 수 없고, 또 모든 분석은 균형을 이루어야만 성립하기 때문입니다.

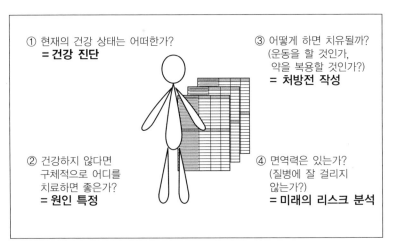

[그림 4] 회계분석은 신체 관리와 동일

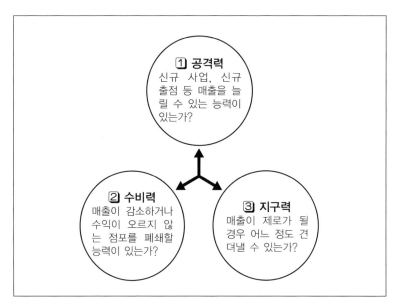

[그림 5] 회계분석은 세 축을 고려해야 한다.

결국 가장 중요한 것은 분석하는 일 자체가 아니라 그 분석에서 무엇을 발견하고 어떤 대응 방법을 생각하여 실행하느냐입니다.

회계분석을 한다면 건강 진단과 마찬가지로 항상 '공격력·수비력·지구력'이라는 세 축을 고려해야 하며, 그 분석 방법은 어디에 해당하는지를 의식할 필요가 있습니다.

수치를 분석할 때 중요한 '세 가지 비교'

우리는 종종 수치를 다루다가 나중에 '결국 이 분석은 무엇 때문에 했지?'라고 생각하게 되는 경우가 있습니다.

회계분석을 할 때 신경을 써야 할 것은 '무엇과 비교하느냐'입니다.

분석하는 것 자체가 중요한 것이 아니라 미래를 위해 활용하는 것이 중요한 것이므로, 분석한 회계 수치를 무엇과 비교할 것인지 의식할 필요가 있다는 것입니다.

회계 데이터를 분석한다는 것은 매출만으로도 이와 같은 비교를 고려할 수 있습니다.

• 매출과 수익이 지난해부터 오르지 않고 있는가?

• 예산(목표) 매출보다 실적이 상회하고 있는가?

• 경쟁 회사보다 매출이 높은가?

단순한 비교라도 제각각 비교할 대상이 있고, 비교 결과에도 제각각의 의미가 있습니다. 비교할 때는 다음의 세 가지 관점으로 분류하여 고려할 필요가 있습니다.

① 과거와의 비교

맨 먼저 비교 대상을 자사의 '과거'에 두어야 합니다. '작년보다 매출이 올랐는가?', '10년 간의 수익 추이는 어떠한가?' 등 과거와 비교함으로써 무엇이 어떻게 변화되었는지를 파악해야 합니다.

② 목표와의 비교

매분기 목표와 중장기 경영 목표를 어느 정도 달성했는지, 달성 또는 미달과 상관 없이 목표와 실적에 왜 차이가 있는지를 분석할 필요가 있습니다.

③ 타사와의 비교

경쟁 회사가 전혀 없는 상황이라면 벤치마킹해야 할 경쟁 회사를 설정한 후 그 회사의 회계 수치와 비교하면 자사가 무엇을 해야 할 것인지를 파악할 수 있습니다.

1 과거와의 비교

'작년보다 매출이 올랐는가?'

'10년 간의 수익 추이는 어떠한가?' 등

2 목표와의 비교

'매분기 목표와 중장기 목표를 어느 정도 달성했는가?

'달성 또는 미달과 상관없이 목표와 실적에 왜 차이가 있는가?' 등

3 타사와의 비교

'경쟁 회사의 회계 수치와 어떻게 다른가? '

'그 차이는 무엇이며, 자사가 무엇을 해야 하는가?' 등

[그림 6] 회계분석의 세 가지 비교 축

'두 가지 나눗셈'으로 본질을 파악한다

회계분석은 책 등을 통해 소개된 회계지표에 적용하는 경우가 많지만, 이미 기술한 것처럼 '공격력·수비력·지구력' 중 어느 능력을 측정하고 싶은지, '과거·목표·타사' 중 무엇과 비교하고 있는지를 의식하는 것이 필요합니다. 단지 지표에 적용하는 것만으로는 의미가 없습니다.

회계분석을 하는 데 있어 중요한 것은 단순히 지표로 적용하는 것이 아니라 '의미 있는 나눗셈'을 해야 한다는 것입니다. 즉, 나눗셈만 할 수 있다면 지표 같은 것은 기억할 필요가 없습니다.

나눗셈을 하는 데 있어 다음의 두 가지만 지키면 본질을 파악할 수 있습니다.

① 전체 비율을 구한다

비용이 1억 원이라 하더라도 그 1억 원이 높으냐, 낮으냐는 회사의 규모에 따라 다릅니다. 금액의 절대치는 의미가 없고, 전체에서 차지하는 비율을 알아야 비로소 의미가 있습니다. 항상 적절한 모수를 찾아내어 나눗셈을 해보기 바랍니다.

① 전체의 비율을 구한다.
[비용(cost)이 10억 원]
→ 매출의 몇 %인가?
→ 자산에서 차지하는 비율의 몇 %인가?
→ 원가에서 차지하는 비율의 몇 %인가?

적절한 모수(母數)를 찾아내어 나눗셈을 한다.

② 1인당 금액을 구한다.
'매출이 10억 원'
→ 고객 1인당 평균 단가는?
→ 종업원 1인당 생산성은?

고객의 수와 종업원의 수로 나눗셈을 한다.

[그림 7] '두 가지 나눗셈'으로 본질을 파악한다

• 매출의 몇 %인가?

• 자산에서 차지하는 비율의 몇 %인가?

• 비용에서 차지하는 비율의 몇 %인가?

② 1인당 금액을 구한다

매출이 10억 원이라 하더라도 100명의 고객이냐, 1만 명의 고객이냐에 따라 의미가 달라집니다. 매출과 비용(cost)은 고객의 수와 직원의 수로 나눗셈을 함으로써 고객 1인당 평균 단가와 종업원 1인당 생산성 등을 산출할 수 있습니다. 이러한 수치는 어려운 회계지표보다 유익한 의사결정 정보를 제공해줍니다.

Chapter

2

비즈니스를
회계학적으로 고려하다

• 회사는 왜 수익을 내야만 하는가? • 52

투자 대 효과를 고려하다

❶ CASE STUDY '매출', '수익'보다 '투자에 대한 효과' • 56

❷ CASE STUDY 감각상각비는 '투자'에 포함시키지 않는다 • 59

❸ CASE STUDY 값싼 PC는 정말로 원가 절감이 되는가? • 62

❹ CASE STUDY IT 기업은 돈벌이가 되는가, 안 되는가? • 65

• 창업하기 쉽다 = 폐업하기 쉽다 • 71

• 업종에 따라 회계 수치를 보는 견해가 바뀐다 • 74

• 스트럭(struck)도를 작성한다 • 77

한계수익을 고려하다

❶ CASE STUDY 상품마다 한계수익을 산출한다 • 80

❷ CASE STUDY 그 할인은 올바른가? 그렇지 않은가? • 84

❸ CASE STUDY 적자에도 사업을 계속한다? • 87

회사는 왜 수익을 내야만 하는가?

'회사에 공헌하고 있는 매출에 비하면 나의 월급은 적다. 그래서 불만이다!'

입 밖으로는 표현하지 않더라도 이렇게 생각하고 있는 사람들이 많습니다. 저도 샐러리맨 시절에는 똑같은 생각을 가졌던 적이 있습니다.

이러한 감정은 '회사는 수익을 올릴 필요가 있는가?'라는 소박한 질문 때문에 생기는 것입니다. 즉, '회사가 수익을 계상하여 세금을 낼 정도라면 사원에게 환원하면 되는 것이 아닌가?'라는 생각입니다.

며칠 전 신문을 보니 다음과 같은 기사가 실려 있었습니다.

'5대 은행의 2012년 3월 연결 결산은 최종 수익이 합계 24조 270억 원으로, 리먼쇼크 전(2008년 3월의 18조 6,630억 원)을 상회하였다. 이에 따라 과거 불량 채권 처리에 의한 결손금 이월로

법인세를 납부하지 않은 대형 은행도 납세를 재개, 버블 청산의 최종 단계에 겨우 도달했다고 한다. 그러나 국내 경기가 침체되고, 특히 중소기업이 자금난에 허덕이고 있는 와중에 은행의 수익액이 너무 많은 것은 아닐까?'

그런데 이 기사를 읽고 솔직하게 어떤 생각이 듭니까? 은행에 근무하고 있는 사람이라면 '그렇게 수익이 났다면 보너스로 환원시켜주어야 하는 것이 아닌가!' 하는 생각이 들 수도 있습니다.

회사는 왜 수익을 올려야만 하는 것일까요? 수익을 올릴 필요가 없다면 열심히 일해준 직원들에게 전액 환원해도 좋을 것입니다.

회사가 수익을 올리지 않으면 안 되는 이유는 크게 두 가지로 나눌 수 있습니다.

① 회사가 계속 존속하기 위해

회사는 영구적으로 존속하는 것을 전제로 하고 있습니다. '어떤 때는 돈을 벌지만, 벌지 못하는 때가 오면 회사는 망합니다'라는 상황이 되면 안 되는 것입니다.

이는 종업원의 입장에서도 마찬가지입니다. 돈을 벌 때 월급을 많이 주다가 적자가 된 순간에 '월급을 지불할 수 없게 되었습니다'라는 상황이 되면 안 되는 것입니다.

이를 위해서는 수익을 내고, 현금을 확보해둘 필요가 있습니다. 나중에 언급하겠지만 현금이 없어진다는 것이 도산의 유일한 요건이기 때문입니다.

수익이 날 때마다 종업원에게 환원해준다면 수익이 나지 않게 되었을 때에 그 회사는 도산하게 될 것입니다. 물론, 매분기의 수익을 전액 종업원에게 환원하여 최종적으로 수익을 없애더라도 매분기마다 '절대로' 수익이 나는 회사가 있다면 그것이야말로 정말 좋은 일입니다. 그러나 현실적으로 그런 회사는 존재하지 않습니다.

② 선행투자를 견뎌내기 위해

사업을 경영하는 데 있어서 가장 힘든 일은 비용(현금)이 먼저 나간다는 사실입니다.

신입사원이 들어왔다고 가정해봅시다. 신입사원이 갑자기 매출을 창출한다는 것은 쉬운 일이 아닙니다. 하지만 인건비를 고려하면 신입사원은 현재로서는 적자입니다(적어도 그런 각오는 필요합니다).

또 신입사원이 들어오면 컴퓨터 등을 구입해야 합니다. 즉, 선행투자가 필요한 셈입니다.

물론 신입사원만의 이야기는 아닙니다. 물건을 판매하는 회사라면 사업을 해야만 판매 행위를 할 수 있습니다. 제조업이라면 공장이나 기계 등 막대한 선행투자가 필요합니다.

그럼 선행투자 자금은 어디에서 염출되는 것일까요? 물론 은행으로부터의 차입도 있을 것입니다. 설사 그렇더라도 최종적으로 차입금의 상환 원자(原資)는 수익입니다. 어쨌든 선행투자를 하기 위해서는 수익이 필요하다는 것입니다.

회사에 왜 수익이 필요한지 아셨을 것입니다.

더욱이 노동분배율(회사의 부가가치인 '매출고'에 대해 얼마만큼의 인건비가 들었는지를 나타내는 지표)을 고려하면 최저한도로도 회사에는 월급의 3배 매출이 필요합니다(즉, 노동분배율이 3분의 1이라는 점입니다).

이것은 종업원 1인당 인건비 이외에도 건물의 임대료, 전기료, 교통비, 복사 비용 등의 비용(cost)도 조달해야 하고, 경리와 법무 담당자 등의 간접 인원의 비용도 조달해야 하므로 회사가 더욱 더 수익을 올려야 하는 것입니다.

따라서 회사는 당연히 내가 받는 월급의 3배를 벌어야 한다고 생각해야 합니다.

투자 대 효과를 고려하다 ❶
'매출', '수익'보다 '투자에 대한 효과'

회계학을 배울수록 비즈니스를 '매출' 금액과 '수익' 금액으로 파악하려고 합니다.

물론 매출과 수익 등의 수치로 비즈니스를 고려하는 것은 중요한 일입니다. 하지만 매출·수익만으로 파악하는 것은 올바른 회계 감각이라고 할 수 없습니다. 비즈니스는 항상 그 '투자에 대한 효과(투자 대 효과)'를 고려해야 합니다.

왜 매출과 수익만을 고려하는 것을 올바른 회계 감각이라 말할 수 없는 것일까요? 그 이유는 매출과 수익만 고려하면 '매출과 수익이 크면 클수록 좋다'는 사고방식에 빠져 버리기 때문입니다.

실제의 비즈니스는 오로지 매출과 수익이 오르면 되는 단순한 것이 아닙니다.

비록 프로젝트·상품·서비스 단독으로 수익이 오르더라도 다른 사업에 비해 투자에 대한 효과가 나쁘면 그 사업을 중단하고 다른 사업으로 리소스(인재나 돈)를 돌리는 것도 고려해야 합니다. 예를 들어 X 회사가 A 사업과 B 사업을 하고 있다고 가정합시다.

	매출	수익	종업원 수
A 사업	100억 원	10억 원	100명
B 사업	30억 원	10억 원	10명

어느 쪽이나 10억 원의 수익이 나고 있는 사업입니다. 그러나 매출과 담당하는 종업원 수에는 상당한 차이가 있습니다. A 사업은 종업원 수 100명에 100억 원의 매출, 10억 원의 수익이므로 종업원 1인당으로 계산해보면

[A 사업]

1인당 매출: 1억 원

1인당 수익: 1,000만 원

이 됩니다. 한편 B 사업은

[B 사업]

1인당 매출: 3억 원

1인당 수익: 1억 원

으로 계산할 수 있습니다.

수익 액수만 보면 양쪽 모두 동일하게 돈벌이가 되고 있는 사업

이지만 투자에 대한 효과를 고려해보면 이만큼의 차이가 나는 것입니다.

여기까지 계산했다면 A 사업을 축소하고 B 사업에 종업원을 할당해야 회사 전체의 매출과 수익이 신장될 가능성이 높아진다는 것을 쉽게 알 수 있습니다.

즉, '흑자니까 좋다', '적자니까 나쁘다'가 아니라 **투입한 리소스에 대한 효과로 '좋다'와 '나쁘다'를 판단할 필요가 있다는** 것입니다.

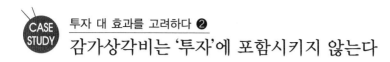

감가상각비는 '투자'에 포함시키지 않는다

제도회계만으로 올바른 의사결정이 불가능한 이유는 제도회계에 맞추면 회계 룰에 따라야 하고 '투자에 대한 효과'가 나타나지 않기 때문입니다.

음식점을 체인점 형태로 경영하고 있는 회사를 예로 들어보겠습니다. 음식점처럼 가게를 운영하는 비즈니스에서는 초기 비용(예 보증금·인테리어 비용·기계·기구 등)이 많이 들기 마련입니다. 그중에서 가장 큰 비중을 차지하고 있는 것은 감가상각입니다.

건물주에게 지불하는 보증금은 그 장소에서 철수할 때 되돌아오는 것이므로 투자에 대한 효과 측정에는 포함시키지 않는다고 하더라도 인테리어와 기계 및 기구 등에 들어간 비용은 회계상 경비로 계상할 수 없기 때문에 감가상각 자산이 됩니다. 즉, 매분기 감가상각으로 하여 비용이 계상됩니다.

감가상각이란 '구입 금액을 일정 기간에 배분하여 조금씩 비용으로 처리하는 계산 방법'을 말합니다.

10억 원의 빌딩을 구입하여 사업을 하는 경우, 구입할 당시 10억 원이 전액 비용이 되면 그 해에만 막대한 적자가 생깁니다. 이러한 이유 때문에 감가상각에 의해 빌딩을 사용할 예정의 햇수로 경비

를 분산하여 계산하는 것입니다. 이를테면 빌딩을 사용할 햇수를 50년이라 가정하면,

10억 원 ÷ 50년 = 2,000만 원

을 1년 간의 비용으로 계상합니다. 빌딩을 계속 사용하는 한, 매년 2,000만 원의 비용으로 처리하는 셈입니다.

여기서 문제가 되는 것은 감가상각 기간입니다. 통상적으로 감가상각 기간은 세법으로 정해진 햇수(내구연한(耐久年限)이라고 함)이지만, 이 햇수가 사업 내용과 일치하지 않는 경우도 많습니다.

이를테면 컴퓨터의 내구연한(耐久年限)은 세법상 4년으로 정해져 있지만, IT 기업에서 동일한 컴퓨터를 4년이나 사용하는 경우는 드물 것입니다. 400만 원의 컴퓨터를 4년 동안 감가상각하면 해마다 100만 원씩 비용으로 처리하는 셈이지만 실제로는 2년만 사용하면 200만 원씩 비용으로 처리해야 합니다. 이처럼 세법으로 정해진 내구연한 햇수를 활용함으로써 사실을 반영한 투자에 대한 효과가 나타나지 않게 됩니다.

참고로 말하면 자동차 메이커인 스즈키는 투자 대 효과를 정확하게 계산하기 위해 세법상의 내구연한 햇수를 활용하지 않고 자사가 사용할 햇수로 감가상각을 계산하고 있습니다.

그런데 현실적인 음식점 비즈니스를 고려해봅시다. 부득이하게

수년은 커녕 수개월 만에 철수해야 하는 가게가 많은 현실 속에서 수년에 걸쳐 감가상각으로 비용 계상 같은 것을 하고 있다면 당연히 속도를 따라가지 못합니다.

이 경우에는 제도회계를 무시하고 감가상각을 하지 않은 채 지불한 금액을 그대로 '투자'에 포함시킴으로써 정확한 '투자 대 효과'를 계산할 수 있습니다.

또 앞에서 언급한 바와 같이 종사하고 있는 종업원의 수로 투자 대 효과를 계산할 수도 있습니다. 100명이 10억 원의 수익을 내기보다 10명이 10억 원의 수익을 낼 수 있는 사업이 투자 대 효과가 좋기 때문에 노동집약형 사업은 투입 인원 수로 투자 대비 효과를 계산해야 합니다.

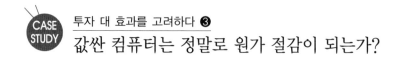

값싼 컴퓨터는 정말로 원가 절감이 되는가?

투자 대 효과를 고려해야 할 이유는 또 있습니다. 그 이유는 비용 삭감을 할 때 금액만을 고려하면 잘못된 판단을 하는 경향이 있기 때문입니다.

회사가 수익을 올리기 위해 존재하는 이상, 매출을 최대화하고 비용을 최소화해야 합니다. 이 말은 어떤 비용이든 절감해야 한다는 뜻이 아닙니다.

'사원이 업무에 사용할 컴퓨터를 구입'하는 경우를 고려해보겠습니다. 컴퓨터는 값이 저렴할 수록 비용을 최소화할 수 있습니다. 그러나 값싼 컴퓨터를 구입하는 것이 정말로 올바른 의사결정일까요?

연간 수익 6,000만 원에 200일 동안 일하고 있는 사원의 컴퓨터를 새로 교체할 경우를 계산해보겠습니다. 회사는 사원의 월급(인건비)뿐만 아니라 건강보험료와 건물의 임대료, 교통비, 간접 부문에 종사하는 사원의 인건비도 부담해야 하므로 사원 월급 2배의 비용이 든다고 생각합니다.

그렇다면 하루 동안 일하는 것에 대한 비용은

6,000만 원 × 2 ÷ 200일 = 60만 원/1일

로 계산할 수 있습니다.

현재 사용하고 있는 컴퓨터가 성능이 나빠 성능이 좋은 컴퓨터로 교체함으로써 1%만 업무 효율이 오른다고 가정하면 하루에 6,000원이라는 비용을 절감할 수 있다는 계산이 됩니다.

이를 1년 간으로 계산하면

6,000원 × 200일 = 120만 원

컴퓨터를 2년간 사용한다고 가정하면 고성능 컴퓨터를 교체할 가치는 240만 원이라는 비용에 필적하는 셈이 됩니다.

이 계산은 어디까지나 컴퓨터를 교체함으로써 '단 1%'의 생산성이 향상되는 경우이고, 2년 간만 그 혜택을 받는 경우입니다. 더욱이 생산성이 향상되고 좀 더 장기간 동안 컴퓨터를 사용하는 경우에는 몇 배의 비용에 필적하게 되는 것입니다.

비용 절감이라고 하면서 금액만을 고려하면 '좀 더 값이 저렴한 것' 또는 '비용을 없앤다'라는 사실에만 집중하기 십상이지만, 컴퓨

터 구입 비용도 인건비와 생산성 투자 대비 효과를 고려하면 이와 반대로 값비싼 컴퓨터를 구입한다는 의사결정에 다다를 수도 있다는 것입니다.

인건비로 투자 대 효과를 고려해보는 것은 매우 중요합니다. 거창하게 비용 절감이라고 하면서 불필요한 회의를 계속하는 회사도 많습니다. 앞서 언급한 연간 수익 6,000만 원의 사원이 하루 평균 10시간 동안 근무한다고 가정하면,

60만 원 ÷ 10시간 = 6만 원

이나 되는 1시간당 비용이 발생하고 있는 셈입니다.

그러므로, 10명이 회의를 2시간 동안 하게 되면

6만 원 × 10명 × 2시간 = 120만 원

이나 되는 비용이 발생하고 있는 셈입니다. 이것을 매주 계속하면,

120만 원 × 약 50주 = 6,000만 원

이나 되며, 이는 사원 한 명의 급료가 되는 셈입니다. 투자 대비 효과로 계산하면 정말 절감해야 할 비용이 제대로 보이기 시작합니다.

IT 기업은 돈벌이가 되는가, 안 되는가?

최근 창업하는 사람의 대부분은 '선행투자를 필요로 하지 않는' 비즈니스를 하고 있습니다. 제 자신도 바로 이러한 경우인데, 컨설팅 업계에는 많은 선행투자가 필요하지 않습니다(선행투자라고 해야 사무실과 비품, 컴퓨터 정도뿐입니다).

IT 업계에서 창업을 하는 많은 사람 중에는 가게가 필요한 음식점은 물론이고, 공장 등이 필요한 제조업 분야에서 창업하는 사람이 상당히 줄어들었습니다.

이렇게 생각하면 문득 'IT 기업 같이 선행투자가 불필요한 비즈니스는 돈벌이가 된다!'라고 지레 짐작하는 경향이 있습니다. 모두 그 분야에서 창업할 정도이므로 돈벌이가 될 것이고, 매스컴에서조차 유명한 IT 기업은 거액의 수익을 계상하고 있다고 자주 보도하고 있으므로 더욱 그렇게 확신하고 있을 것입니다.

그러나 누구나 알고 있는 원리원칙은 바로 이것입니다.

하이 리스크·하이 리턴[4], 로 리스크·로 리턴[5]

---

4 하이 리스크·하이 리턴: high risk·high return
5 로 리스크·로 리턴: low risk·low return

그렇습니다. 즉, 위험 부담이 크면 그만큼 보상이 크고, 위험 부담이 적으면 그만큼 보상도 적어지기 마련입니다. IT 기업은 선행 투자가 적기 때문에 '로 리스크·로 리턴', 즉 그다지 돈벌이가 안 된다는 것입니다.

그럼, 'IT 기업은 돈벌이가 된다'는 감각이 잘못되었다는 말일까요? 그렇지 않으면 '로 리스크·로 리턴'이라는 원리원칙이 잘못된 것일까요?

결론부터 말하자면 역시 원리원칙인 '하이 리스크·하이 리턴', '로 리스크·로 리턴'이 정답입니다. 이것을 회계학적으로 증명해 보겠습니다.

하이 리스크형 기업과 로 리스크형 기업이 똑같은 매출·수익을 내고 있고, 다른 기업의 매출보다 2배인 경우를 상정해 보겠습니다. 여기서 말하는 하이 리스크형이란, 공장이나 가게를 필요로 하는 등 비용 중에서 고정비가 큰(변동비가 적은) 기업을 가리키고, 로 리스크형이란 인터넷 쇼핑몰처럼 비용 중에서 변동비가 큰(고정비가 적은) 기업을 가리킵니다.

또 고정비는 매출과 상관없이 들어가는 비용이고, 변동비는 매출과 연계하여 들어가는 비용이라고 생각하기 바랍니다.

[하이 리스크형 = 고정비가 많다]

매출: 100

변동비: 10

고정비: 80

수익: 10

[로 리스크형 = 변동비가 많다]

매출: 100

변동비: 80

고정비: 10

수익: 10

이런 경우 매출이 2배가 되면,

[하이 리스크형 = 고정비가 많다]

매출: 200

변동비: 20(매출과 연계하여 2배가 된다고 가정)

고정비: 80

수익: 100

[로 리스크형 = 변동비가 많다]

매출: 200

변동비: 160(매출과 연계하여 2배가 된다고 가정)

고정비: 10

이익: 30

결국 하이리스크형 기업이 매출이 오를수록 수익은 커지기 마련입니다. 반대로 매출이 당초의 2분의 1이 되면 어떻게 될까요?

[하이 리스크형 = 고정비가 많다]

매출: 50

변동비: 5(매출과 연계하여 2분의 1이 된다고 가정)

고정비: 80

이익: △35

[로 리스크형 = 변동비가 많다]

매출 : 50

변동비 : 40(매출과 연계하여 2분의 1이 된다고 가정)

고정비 : 10

이익 : 0

이처럼 매출이 줄어들었을 때는 역시 하이 리스크형이 대폭적인 적자로 전락하는 것입니다. 이를 도표로 표현하면 쉽게 이해할 수 있습니다. [그림 8]을 참조하기 바랍니다.

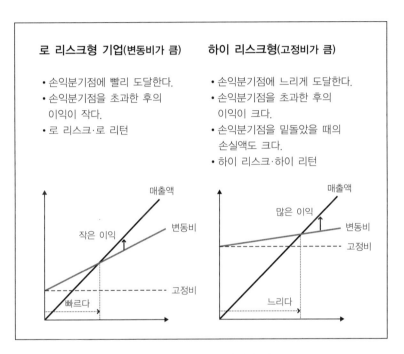

[그림 8] 로 리스크형 기업과 하이 리스크 기업의 비교

매출액과 변동비와 고정비의 차액만큼이 수익 혹은 손실 금액이 됩니다. 이를 보면 고정비 중심형의 수익 폭(금액)이 커졌다는 것을 알 수 있습니다.

IT 기업이라도 제각기 비즈니스 모델이 있습니다. 여기서 꼭 알아두어야 할 점은 **돈이 벌리느냐, 안 벌리냐는 비용에서 차지하는 변동비·고정비 비율에 따라 변한다**는 점입니다. 그것은 바로 '하이 리스크·하이 리턴', '로 리스크·로 리턴'입니다. 이것도 회계학적으로 정확하게 증명할 수 있습니다.

창업하기 쉽다 = 폐업하기 쉽다

지금까지 고정비율과 변동비율로 매출과 수익 구조를 설명했는데, 올바른 회계 감각을 익히기 위해 또 한 가지 알아두어야 할 사항이 있습니다. 그것은 바로 선행투자가 적은 분야는 다른 기업도 참여하기 쉽다는 점입니다.

즉, 선행투자가 소액이기 때문에 많은 사람들이 로 리스크라고 생각하여 과당 경쟁을 하게 되고, 그 결과 아무도 돈벌이가 되지 않고, 많은 회사가 도산한다는 구도입니다.

이는 당연한 사실입니다.

컴퓨터 1대와 인터넷 환경만으로도 돈벌이가 된다면 누구든지 그 분야에 뛰어들게 될 것이고, 그 결과 과당 경쟁이 되는 것은 불을 보듯 뻔합니다.

중소기업청이 발표한 [그림 9]를 보기 바랍니다.

모든 업종 중에서 가장 폐업률이 높은 분야는 '정보·통신업'입니다. 이것은 바로 '로 리스크·로 리턴'을 증명하는 수치입니다.

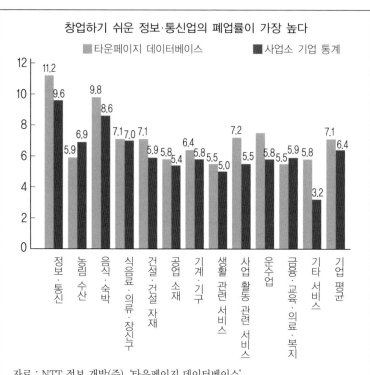

[그림 9] 업종별 폐업률(日 구 중소기업청 홈페이지)

http://www.chusho.meti.go.jp/pamflet/hakusyo/h19/h19_hakusho/html/j121

0000.html

의사결정을 하는 데 있어서 중요한 것은 리스크와 리턴의 균형을 고려해야 한다는 것입니다.

회계 감각을 익혀두면 이처럼 '모든 사람이 하고 있으니까 정답이겠지'라는 판단도 분명히 잘못되었다는 점을 이해하게 됩니다.

업종에 따라 회계 수치를 보는 견해가 바뀐다

일본에서는 법인 전체의 약 20%가 3월 결산이며, 많은 상장회사 또한 3월 결산이기 때문에 매년 4~5월에 걸쳐 많은 회사가 연차 결산 발표를 합니다. 신문에서도 결산 발표 요지가 발표되고 있지만 이때 주의해야 할 점이 있습니다. 그것은 바로 '매출 신장과 수익 신장은 회사에 따라 다르다'는 점입니다.

상품을 사입하여 고객에게 판매하는 회사를 고려해보겠습니다. 상품 원가율이 40%, 즉 1,000원의 상품을 400원에 사입하여 판매하고 있다고 가정합시다. 경비는 크게 변동비와 고정비로 분류된다는 점에 관해서는 이제까지 여러 차례에 걸쳐 언급했습니다. 여기서 회사의 매출이 2배가 된 경우를 고려해보겠습니다.

현재

매출: 1,000만 원

변동비(사입): 400만 원

고정비(인건비와 임대료): 400만 원

= 수익: 200만 원

매출이 2배가 된 경우

매출: 2,000만 원

변동비(사입): 800만 원

고정비(인건비와 임대료) : 400만 원

= 수익: 800만 원

이 회사의 경우 매출이 2배가 되면 이익이 4배가 됩니다.

그럼 제조업처럼 고정비가 높은 업종은 어떨까요?

현재

매출: 1,000만 원

변동비(구입): 200만 원

고정비(인건비와 임대료): 600만 원

=수익: 200만 원

매출이 2배가 된 경우

매출: 2,000만 원

변동비(구입): 400만 원

고정비(인건비와 임대료): 600만 원

=수익: 1,000만 원

이 회사는 매출이 2배가 되면 수익이 5배가 됩니다. 즉 '**고정비가 높은 업종일수록 매출이 오르면 수익이 나기 쉬운 업종**'이라고 할 수 있습니다.

따라서 결산 발표를 볼 때에는 그 회사의 업종 등으로 변동비가 큰지, 고정비가 큰지를 고려하면서 체크할 필요가 있습니다.

고정비가 큰 업종은 매출이 늘어나면 수익이 나기 쉽지만, 반대로 매출이 줄어들면 순식간에 수익이 감소해 버립니다. 한편, IT나 서비스업처럼 고정비가 작은 업종은 매출이 늘어나도 수익에 반영되기 어려운 반면에, 매출이 줄어들어도 고정비가 작은 만큼 수익에도 영향을 덜 받습니다.

매스컴 등에서는 오로지 '지난 분기에 비해 수익이 ×배가 되었습니다', '대폭적인 적자로 전락' 등이 표제 기사가 되지만, 업종에 따라 회계상의 해석 방법이 변하기 때문에 주의해야 할 필요가 있습니다.

취급 상품이나 서비스가 가격이 인상될 소지가 있는지, 가격 하락의 소지가 있는지에 따라 회계 감각을 바꿔야 합니다.

스트럭(struck)도[6]를 작성한다

　지금까지 해설한 것처럼 중요한 것은 비용(cost)을 아는 것이 아니라 원가를 고정비와 변동비로 분해하는 것인데, 이때 편리하게 이용할 수 있는 도구로 '스트럭(struck)도[6]'를 들 수 있습니다. '스트럭도[6]'의 이점은 다음과 같습니다.

① 그림으로 나타내기 때문에 비용이나 수익 구조를 직감적으로 이해하기 쉽다.

② 결국, 무엇을 어떻게 하면 좋을 것인지를 그림으로 생각할 수 있다('가장 먼저 고정비를 낮추어야 한다' 등).

③ 모든 경우를 시뮬레이션하기 쉽다.

④ P/L(손익계산서)만으로 작성하는 것이 가능하기 때문에 간단하다.

---

6 스트럭(struck)도: 변동 손익계산서를 도식화한 도표.

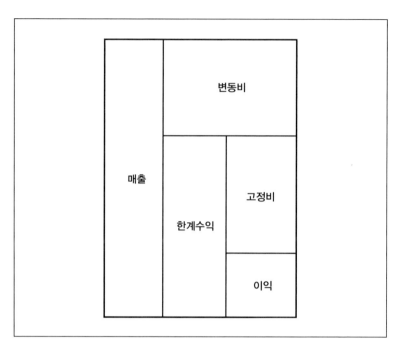

[그림 10] 스트럭도

　스트럭도를 작성하려면 먼저 비용을 변동비와 고정비로 분류할 필요가 있습니다. 왜냐하면 제도회계(재무회계)상의 손익계산서를 보더라도 변동비와 고정비로는 분류되어 있지 않기 때문입니다.

　변동비는 매출과 연계하여 들어가는 비용(cost)을 말하며, 사입과 재료비, 상품 발송비 등이 이에 해당합니다. 한편, 고정비는 매출이 제로임에도 불구하고 들어가는 비용을 말하며, 회사 임대료와 직원 월급 등이 이에 해당합니다.

비용을 변동비와 고정비로 분류하여 스트럭도를 작성하면 매출에 대한 변동비율이나 고정비율을 파악할 수 있으며, 수익 내역 및 매출이 늘어난 경우와 줄어든 경우의 시뮬레이션을 조합하기가 쉬워집니다.

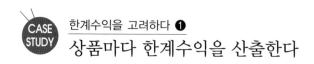

상품마다 한계수익을 산출한다

비용(cost)을 변동비와 고정비로 분류하면 결국 수익액이 똑같아집니다. 이는 당연한 것으로, 매출에서 비용을 공제한 것이 수익이 되기 때문에 비용을 분해한 것만으로는 결과가 아무것도 변하지 않습니다.

그런데도 왜 굳이 변동비와 고정비로 분류하는 것일까요?

그 이유 중 한 가지는 앞에서 설명한 바와 같이 변동비율과 고정비율을 계산하므로 매출이 증감했을 때 얼마만큼 수익에 영향이 있는지를 고려하기 위함입니다. 그리고 또 하나 중요한 것은 '한계수익을 알기 위함'입니다. 한계수익이란 하나의 상품·서비스가 팔렸을 때 얻어지는 수익을 말합니다.

간단하게 설명하면 고정비를 고려하지 않고 매출에서 매출로 직접 들어가는 비용을 공제한 것이 한계수익이 됩니다. 일반적으로 말하는 '조리(粗利)'와 동일하다고 생각하면 됩니다.

X 회사의 A·B 사업부를 고려해보겠습니다. X 회사에서는 각각의 사업부에서 법인용 사무용 기기를 판매하고 있는데, 최근에는

B 사업부가 취급하는 상품에 대해 경쟁 회사가 대항 상품을 출시하였기 때문에 채산성이 악화되었습니다. 여전히 변동비는 전액 상품 사입액으로 처리합니다.

A 사업부의 손익

매출: 100

비용: 90(변동비: 70, 고정비: 20)

이익: 10

B 사업부의 손익

매출: 300

비용: 290(변동비: 270, 고정비: 20)

이익: 10

어느 사업부나 이익이 10이 되었으며, 이익액만을 보면 똑같습니다.

그러나 상품을 판매하는 데 필요한 사입(변동비)은 매출에 대해

A 사업부: 70 ÷ 100 = 70%

B 사업부: 270 ÷ 300 = 90%

가 되며, 한계수익률(한계수익÷매출)은 A 사업부 30%에 대해 B 사업부는 10%로, 큰 차이가 있습니다. 이것이 원인이 되어 매출은 3배나 되며, 고정비는 동일함에도 불구하고 수익은 똑같아진(즉, 수익률이 다른) 것입니다.

이처럼 상품마다 한계수익을 산출함으로써 '그 상품이 1개 팔릴 때마다 얼마의 수익을 창출할 수 있는지'를 파악할 수 있으며,

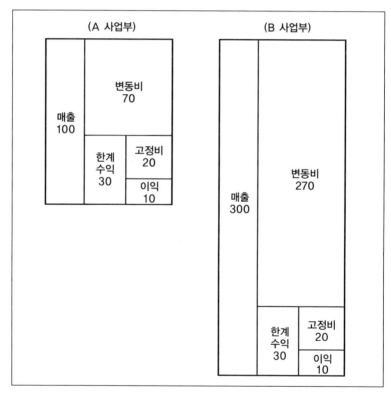

[그림 11] 스트럭도로 한계수익을 고려한다.

그 결과로 채산이 맞지 않은 상품의 폐지나 한계수익률이 높은 상품에 대한 전환 등 올바른 의사결정을 할 수 있게 됩니다.

즉, 한계수익이 높은 상품·서비스 판매에 전력투구하거나 한계수익률이 높은 상품·서비스를 창출하는 의사결정을 하는 것이 중요합니다.

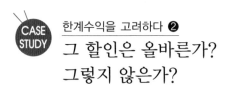
그 할인은 올바른가?
그렇지 않은가?

어느 빵집 이야기를 해보겠습니다. 이 가게는 최근 손님이 줄어들었기 때문에 매출이 감소했습니다. 그래서 가게 주인은 생각했습니다.

'전 품목 50% 세일을 하여 매출을 올리자!'

여기서는 단순하게 계산하기 위해 빵은 애당초 전 품목 1,000원에 판매되었고, 빵의 원가율은 30%라고 가정합시다. 즉, 빵이 1개 팔리면 매출이 1,000원이고, 원가는 300원이므로 한계수익은 700원입니다.

또 빵을 50%로 할인 판매하면 지금까지 하루에 100개 판매되던 빵이 3배인 300개가 될 것이라고 예상합니다. 이 전제조건 중에서 정말로 빵을 50% 할인 판매하는 것이 올바른 의사결정일까요?

│ 할인 전 판매 │

하루 매출: 100개 × 1,000원 = 10만 원

하루 한계수익: 100개 × 700원 = 7만 원

하루 매출: 300개 × 500원 = 15만 원

하루 한계수익: 300개 × 200원 = 6만 원

이 되어 분명히 매출은 1.5배가 되었지만, 수익은 반대로 1만 원 줄어들게 됩니다. 그러므로 이 할인 판매는 계산상 의미가 없을 뿐만 아니라 역효과라는 것입니다.

매우 단순화한 사례이지만 이처럼 잘못된 할인 판매가 예사로 행해지고 있는 것이 현실입니다. 고려해야 할 점은 매출이 아니라 한계수익입니다.

그러나 진정한 비즈니스는 이만큼 단순하지 않은 것이 사실입니다. 할인 판매를 할 때 고려해야 할 포인트는 두 가지입니다.

① 비용이 얼마만큼 내려가는가?

빵집의 사례에서는 빵을 1개 만드는 데 들어가는 비용(원가)을 300원이라고 가정했지만, 대량으로 제품을 만들면 통상 원가는 내려갑니다.

재료를 대량으로 사입하면 재료비의 단가가 내려가고, 빵을 만드는 인건비도 상대적으로 내려가기 때문입니다. 빵을 3배 만듦으로써 빵 원가가 200원 내려간다면,

한계수익 : 300개 × 300원 = 9만 원

이 되어 매출도, 수익도 올라갑니다. 따라서 할인판매한 결과로 판매 수량이 증가하고, 그와 동시에 원가가 내려가는 것을 계산에 넣어 한계수익을 계산해야 한다는 것입니다.

② 얼마만큼의 재방문을 예상할 수 있는가?

비록 할인 판매한 결과 '현재의' 수익이 줄어들더라도 앞으로의 수익이 늘어난다면 할인판매를 해야 할 경우도 있습니다.

이를테면 할인 판매한 덕분에 처음으로 찾아온 고객 혹은 할인 판매하지 않을 경우 다시 찾아오지 않던 고객이 있다면 값이 내려간 빵을 사준 덕분에 앞으로 반복(repeat)될 수도 있습니다. 말하자면 '할인 판매 = 광고 선전비'라는 개념입니다.

무조건 할인 판매를 하기보다는 앞으로 얼마만큼의 고객이 다시 찾아올 것인지를 계산한 후에 의사결정을 해야 하는 것입니다.

단, '값이 싸니까 샀다'는 고객이 있다면 의미가 없습니다. 왜냐하면 할인 판매를 중단하고 원래 가격으로 환원했을 때 다시 찾아오는 일은 드물기 때문입니다.

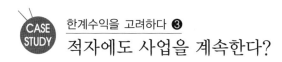

적자에도 사업을 계속한다?

계속해서 변동비와 고정비로 분류하는 데는 이유가 있습니다.

적자니까 사업을 중단하는 것이 좋은 경우와 비록 적자라도 사업을 계속 하는 편이 좋은 경우가 있기 때문입니다.

매출이 1,000만 원이고, 비용(cost)이 1,200만 원 들어 적자액이 200만 원인 두 회사를 고려해보겠습니다.

 A 회사

매출:　1,000만 원

변동비: 1,100만 원

고정비:　100만 원

적자액:　200만 원

 B 회사

매출: 1,000만 원

변동비: 900만 원

고정비: 300만 원

적자액: 200만 원

A 회사는 변동비가 1,100만 원이므로 한계수익을 계산하면 마이너스 100만 원입니다. 이 상황에서는 판매할수록 적자가 늘어나게 되므로 당장이라도 사업을 중단해야 합니다.

　그러나 한편으로 동일한 매출·적자 금액이라도 B 회사는 상황이 다릅니다. B 회사는 변동비가 900만 원이므로, 한계수익을 계산하면 플러스 100만 원입니다. 확실히 고정비가 300만 원이므로 총 합계로는 적자이지만, 매출을 올리면 적자는 줄어들 것이므로 사업을 계속해도 됩니다.

　물론 앞으로 매출이 오를 전망이 없다면 A 회사와 마찬가지로 사업을 중단해야 하고, 또 즉시 흑자로 전환하고 싶다면 고정비를 삭감해야 합니다. 그러나 A 회사와는 사업 상황이 다르다는 점은 이해했을 것이라고 생각합니다.

　회계 감각이 없으면 '적자 = 사업을 즉시 중단해야 한다'고 생각하기 쉽지만 동일한 적자라도 한계수익 시점에서 적자인지, 한계수익 시점에서는 흑자이지만 고정비가 있으므로 적자인지에 따라 무엇을 해야 하는지가 바뀌게 되는 것입니다.

Chapter

3

회계학적으로 사고하면
업무도, 인생도 성공한다

• 왜 ‘현금이 우선순위’인가? • 92

• 닛산자동차 개혁을 손익분기점의 시각으로 고려하다 • 95

• 매출로 경영 안정도를 판단하는 두 가지 포인트 • 98

• 절감해야 할 비용, 절감하면 안 되는 비용 • 103

• ‘만약 ～라면’으로 고려하면 진정한 업적이 보이기

   시작한다 • 106

• 차입금을 상환하는 것이 중대한 이유 • 110

• ‘무차입 경영 = 안정’은 정답인가, 오답인가? • 114

• 내 집을 사야 하나, 말아야 하나? • 118

왜 '현금이 우선순위'인가?

저자가 저술한 『경리 이외의 사람들이 가장 쉽게 활용할 수 있는 회계 책』에서도 언급했지만, 기업이 도산하는 이유는 바로 '현금이 없어졌을 때'입니다.

적자가 아무리 많이 나더라도 현금만 보유하고 있으면 절대로 도산하지 않으며, 이와 반대로 아무리 흑자가 나더라도 현금이 없으면 도산(흑자도산)하기 마련입니다.

물론 흑자든, 적자든 상관 없다는 것은 아닙니다. 회사는 거래가 복잡하기 때문에 현금이 증가하더라도 적자면 언젠가 현금이 줄어들고 있는지 알 수 있고, 현금이 줄어들고 있더라도 흑자라면 미래에 현금을 만들어 낼 수 있다는 것을 알 수 있습니다.

이는 생활비를 고려해보면 쉽게 알 수 있습니다. 현재는 실업 중이라 수입이 전혀 없더라도 저축된 돈만 있으면 생활하는 데 전혀 문제가 없습니다. 또 수입이 아무리 많더라도 많은 빚을 갚아야 하는 경우에는 생활이 불가능해집니다.

경영자 중에는, 손익계산서(P/L)상의 수익 따위 전혀 관심이 없고, 현금의 증감만을 보고 경영하고 있는 사람이 많은 것이 사실입니다.

따라서 기업을 회계학적으로 보는 경우, 현금 유동성을 가장 우선순위에 두어야 합니다(상장회사 등의 경우, 대개 현금을 많이 보유하고 있으므로 아무래도 B/S, P/L만의 분석이 되기 쉽습니다).

기업에 현금이 없으면 즉시 현금을 만들어 낼 수 있는 사업에만 주력하며, 중장기적으로 고려하여 본래 해야 할 수익을 낼 수 있는 사업을 하지 않는(할 수 없는) 선택을 하기 쉽습니다.

이 경우 기업에는 어느 정도 여유 자금이 필요해지기 때문에 수익이 나고 있는 회사에서도 굳이 은행으로부터 차입을 하는 경우가 많습니다.

믿기지 않겠지만 세상의 많은 기업들 중에는 분식, 즉 수익을 물타기하여 사실은 지불하지 않아도 될 세금을 납부하면서까지 은행으로부터 차입을 하고 있는 회사도 많이 있습니다.

본래 납부하지 않아도 될 세금까지 고려했을 때 실질적인 금리가 얼마가 될 것인지 생각하면 두려운 생각이 들지만, 그런 것조차 계산하지 않은 것 같습니다. 차입하지 않으면 현금이 없어져 버리기 때문에 도산하고 맙니다.

또 최근 들어 이자제한법 문제로 줄어들기는 했지만, 고리대금

업자나 불법 사금융 등 도저히 지불할 수 없는 금리가 설정된 곳에서 차입하는 기업도 흔히 있습니다. 기업에 현금이 없어진다는 것이 얼마나 무서운지를 이러한 사례로도 알 수 있습니다. 회계학적으로 말해 '현금이 우선순위'라는 것을 명심해둡시다.

닛산자동차 개혁을 손익분기점의 시각으로 고려하다

회계학 책을 읽고 있으면 '손익분기점' 계산이라는 말이 자주 나옵니다.

손익분기점이란, 매출액과 비용액이 똑같아지는 매출액을 말하는 것으로,

손익분기점 = 고정비 ÷ {1 - (변동비 ÷ 매출액)}

으로 계산할 수 있습니다. 일반적으로는 69페이지의 [그림 8]의 도표로 설명할 수 있습니다.

손익분기점을 고려하는 것 자체는 회계를 배우는 데 있어 매우 중요한 요소이지만 회계를 잘 모르는 사람에게는 아무 의미도 없는 지식이라고도 할 수 있습니다.

중요한 것은 손익분기점을 계산할 줄 아는 것이 아니라 손익분기점을 나타내는 도표를 '이해'하는 것입니다. 손익분기점을 나타

내는 도표를 이해하면 회사를 개선시키는 데에는 적절한 순번이 있다는 사실을 알게 됩니다. 구체적으로는 다음의 순번을 고려하면 좋을 것입니다.

① 현금 확보
② 고정비 삭감
③ 변동비 삭감
④ 매출 상향 조정

제일 먼저, ① 현금 확보가 무엇보다 최우선 순위입니다. 이것은 앞에서 이미 언급한 바와 같이 흑자든, 적자든 현금이 없으면 회사는 도산해 버리기 때문입니다.

그 다음은 비용 삭감인데, 여기에도 순번이 있습니다. 먼저 '② 고정비 삭감'입니다. 고정비는 매출에 관계없이 발생하는 비용이므로, 임대료와 인건비를 낮추고 매출이 얼마가 되든 수익을 낼 수 있는 체질을 만드는 것이 우선시되는 것입니다.

그 다음으로는 '③ 변동비 삭감'입니다. 변동비는 상품과 서비스를 구축하기 위해 필요한 비용인데, 변동비를 삭감하면 상품과 서비스의 품질까지 떨어질 가능성이 높기 때문에 신중히 고려해야 합니다.

여기까지 한 후에 착수해야 할 것은 '④ 매출 상향 조정'입니다.

회사를 발전시키기 위해 매출 상향 조정부터 고려하는 경우가 많은데, 이것은 현금 확보·비용 삭감이 제대로 이루어진 다음에 실행해야 합니다.

카를로스 곤 씨가 닛산자동차 사장에 취임한 후 행한 개혁도 사실은 ①~④의 순번을 충실히 지켰습니다.

고정비부터 낮추면 손익분기점이 순식간에 내려가 수익이 나기 쉬운 체질을 만들 수 있습니다. 이는 변동비 개선만으로는 거둘 수 없는 효과인데, 닛산은 매출이 오르자 순식간에 수익을 계상할 수 있는 회사로 변신했습니다.

매출로 경영 안정도를 판단하는 두 가지 포인트

"우리 회사의 매출이 100억 원이래~"

"대단하구나!"

이런 대화를 들을 때마다 '회계를 모른다니 걱정스럽구나' 하는 생각이 들 것입니다.

매출만으로 회사를 평가하는 것은 불가능합니다. 예를 들어 다음의 두 회사가 있다고 한다면 여러분은 어느 쪽을 높이 평가하겠습니까?

A 회사 / 매출: 1,000억 원 / 영업이익: 마이너스 100억 원

B 회사 / 매출: 100억 원 / 영업이익: 50억 원

결국 매출액만을 말하고, 수익액을 말하지 않는다는 것은 이러한 경우입니다. 매출이 아무리 오르더라도 회사에 중요한 것은 오로지 '수익'입니다. 이렇게 간단한 것도 이해하지 못하고 매출액만

으로 일희일비해서는 안 됩니다.

물론 매출로 알 수 있는 사실도 있습니다. 거래처 등에 매출액은 물을 수 있어도 수익액을 물을 수 없는 경우, 다음 두 가지 사항을 체크함으로써 건실한 회사인지, 아닌지 판단할 수 있습니다.

① 매출을 플로와 스톡으로 분류한다

이는 매출을 판별하는 데 가장 중요한 포인트입니다. 플로와 스톡이란,

- 플로(flow, 유동성): 매분기마다 변동하는 매출
- 스톡(stock, 잔고): 매분기마다 계속되어 가는(누적되어 가는) 매출

입니다. 이를테면 휴대전화 회사의 휴대전화기 판매 매출은 플로(유동성)입니다. 그러나 그 판매한 휴대전화 기본요금은 스톡(재고)입니다. 왜냐하면 기본요금은 해약되지 않는 한 매분기 계속 이어지는(상정할 수 있는) 것이기 때문입니다.

플로는 누적되지 않지만 스톡은 누적되어 갑니다. 스톡액은 작은 것이 일반적이지만 갑자기 없어지는 것은 아니므로, 스톡 매출이 있는 것만으로도 경영이 안정됩니다. 다음 기사를 보면 스톡 매출의 중요성을 알 수 있습니다.

[다이쿄] 회전 수치가 보여주는 재고관리의 안이함 대신 '스톡'으로 벌어들이는 체제 구축 강화

아파트 분양 사업 분야의 대형 건설회사인 다이쿄는 2012년 3월의 영업이익 예상액을 종래의 1,360억 원에서 2,140억 원으로 상향 조정하였다.

다이쿄는 이전의 분양 실적을 간판으로 내세운 개발업자였다. 연간 1만 호 이상 분양하여 1978년부터 28년 연속으로 아파트 분양 1위를 기록하고 있다. 하지만 그 훈장을 타기 위한 대가가 너무 컸다. 버블 경기 때 과잉 투자한 자산이 불량화되어 도산 직전까지 내몰렸던 것이다.

···(중략)···

분양 사업에서 재고관리를 철저히 하여 1위 자리를 지키는 한편, 리먼쇼크 후에 공격적이 된 분야도 있다. '스톡 사업'이라는 분야의 강화책이다.

'스톡'이라 하더라도 재벌계 부동산회사처럼 임대 빌딩 등의 자산에서 임대료 수입을 얻는 것은 아니다. 다이쿄의 경우 아파트 관리 사업과 10~15년마다 행해지는 대규모 수리 공사 청부사업을 한다.

그때 분양 실적 위주의 시절에 분양한 업계 톱의 30만 호는 '자산'이 된다. 과거에 분양한 대부분의 아파트는 다이쿄가 관리를 맡고 있기 때문이다. 관리하는 아파트는 숫자의 변동이 적고, 부동산 시장 상황에 좌우되지 않으며, 안정적인 수익을 낳는다.

더욱이 자사에서 분양한 물건 이외의 영업 강화와 관리 회사의 매수를 추진한 결과, 지난 분기말의 관리 호수는 업계 최초로 40만 호에 달하였다.

···(중략)···

'스톡 사업이 성장하여, 아파트 분양 수익이 제로이더라도 매분기 1,000억 원 정도의 수익이 향상되는 체제가 보이기 시작했다'

＊ 출처: http//diamond.jp/articles/-/15340

매출 100억 원의 경우, 그중 스톡 매출이 얼마인지를 알 수 있다면, 그 회사의 능력을 알 수 있습니다. 매출 100억 원 중 스톡 매출이 50억 원의 회사가 있다면 매출 500억 원의 기업에 필적할 수도 있습니다.

② 고객(거래처)의 숫자

거래처 위험도를 고려할 때 가장 중요한 것은 매출액이 아니라 고객(거래처)의 숫자입니다. 100억 원이라는 매출을 거래처 1개 사에서 올리고 있는 회사는 그 1개 사가 도산하면 100% 연쇄도산합니다.

1개 사당 최대 매출 비율은 40% 미만이 좋다고 하는데, 고객(거래처)의 숫자가 많을수록 미수금 회수 리스크가 낮아지므로 바람직하다고 할 수 있습니다. 거래처 10개 사의 매출 100억 원과 거래처 1,000개 사의 매출 100억 원은 전혀 다릅니다.

삭감해야 할 비용, 삭감하면 안 되는 비용

　수익이 생기고 있는 동안에는 괜찮지만 수익이 줄어들면 일률적으로 '코스트컷'을 표방하는 회사도 많습니다.

　원래 비용이란, 사업을 경영하는 데 필요한 자금을 말하는데, 특히 회사 규모가 커지면 어느샌가 낭비되는 비용(cost)이 발생하는 것도 사실입니다. 낭비되는 비용은 당연히 삭감해야 합니다. 그러나 절감해서는 안 되는 비용이 있는 것도 사실입니다. 원가가 비싸다는 이유로 사입 비용 낮추면 제품의 질이 떨어지고 결과적으로는 매출이 하락하여 수익이 줄어들 수도 있습니다. 또 성능이 나쁜 컴퓨터를 종업원용으로 구입하면, 결과적으로는 업무 효율이 떨어져 인건비가 많이 들 수도 있습니다.

　이와 반대로 임대료가 비싼 빌딩으로 이사한 덕분에 종업원의 사기가 오를 수도 있고, 회사의 이미지도 좋아져 매출이 오를 수도 있습니다. 즉, 비용이라 하더라도 오로지 삭감하기만 하면 된다는 것은 아닙니다.

그러므로 회계상으로는 동일한 비용이라 하더라도 매출과 마찬가지로 굳이 비용에 신경을 써서 판단할 필요가 있다는 것입니다.

비용을 분류하는 기준은 간단합니다. '미래에 대한 투자냐, 아니냐?'로 보는 것입니다.

메모를 하기 위해 볼펜을 샀다면 이 비용은 미래에 대한 투자가 아니므로 절감해야 할 비용이라고 판단할 수 있습니다.

그러나 신제품을 개발하기 위해 개발비를 지출했다면, 이는 미래의 매출과 수익을 올리기 위한 비용이므로 절감해야 할 대상이 아닙니다.

제약회사는 연구개발비를 가장 중요시해야 하지만, 각각의 회사는 IR(투자 가용 개시 정보) 중에서 매출 및 수익 등과 동일하거나 그 이상의 중요도로 매년 연구개발비를 공표하고 있습니다.

비용이 '미래에 대한 투자'인지, 아닌지는 회사의 생각·방향성이나 업종·업태에 따라 다르지만, 크게 세 가지 종류로 분류할 수 있습니다.

1 선행투자

신규 설비에 대한 지출과 고성능 기계로의 교체 또는 광고비도 미래의 매출을 올린다는 의미에서는 선행투자라고 할 수 있습니다.

② 연구개발비(R&D)

제약회사뿐만 아니라 자동차 메이커도 연구개발비를 중요시하고 있습니다. 또 음식점이 새로운 메뉴를 개발하기 위해 지출하고 있는 비용도 이에 해당합니다.

③ 인재에 대한 투자

기업에서 종업원의 수준 향상은 기업의 가치 향상과 직결됩니다. 우수한 인재를 채용하기 위한 지출과 종업원용 연수비 등은 투자라고 생각해야 합니다.

재무제표를 볼 때는 전체의 비용으로 볼 것이 아니라 굳이 비용에 신경을 쓰면서 '낭비되는 비용은 없는지?', '정말로 필요한 비용을 삭감하고 있지나 않은지?'를 판별할 필요가 있습니다.

'만약에 ~라면' 진정한 업적이 보이기 시작한다

　역사가 오래된 회사일수록 토지·건물 등의 부동산을 소유하고 있어서 정확한(적정한) 업적이 잘 드러나지 않은 경우가 많습니다. 재무제표 등을 보면 업적이 좋은 것처럼 생각되지만, 사실은 전혀 본업에서 수익이 나지 않는 경우가 있습니다.

　이러한 점들을 꿰뚫어 보는 것이야말로 진정한 회계 능력이라고 할 수 있는데, 회계사나 세무사조차도 여기에 언급하는 내용을 이해할 수 있는 사람이 적은 것이 현실입니다. 도쿄에 본사 빌딩이 있고 지방에 자사 공장을 가진, 창업한 지 50년 된 기계 제조 회사를 예로 들어보겠습니다. 이 회사의 결산서를 보면,

매출	500억 원
매출원가	400억 원
매출총수익	100억 원
판매관리비	80억 원
영업이익	20억 원

으로 되어 있어서 대단히 우량기업처럼 생각됩니다(제조업에서 영업이익률 4%는 우량기업입니다).

그러나 본사 빌딩과 공장은 매우 오래전에 취득했다고는 하지만 이 회사의 소유물이 되어서 이러한 것들을 타사에 30억 원에 임대해주었다고 가정합시다. 즉, 지금은 자사 빌딩·공장 덕분에 임대료를 지불하지 않고 있지만, 타사에 빌려주고 임대로 전환하면 어떻게 되는지 계산해보겠습니다.

30억 원에 빌려주고 다른 빌딩이나 공장을 30억 원에 빌린 것으로 하여 이 회사 업적을 다시 계산하면 전혀 다른 회사가 됩니다.

본업과 부동산업으로 분류하여 손익계산서를 작성하면 다음과 같습니다.

[본업]

매출	500억 원
매출원가	400억 원
매출총이익	100억 원
판매관리비	110억 원(임대분 30억 원 플러스)
영업 적자	△10억 원

매출 30억 원(부동산을 임대한 수입)

영업이익 30억 원

즉, 이 회사는 임대료를 지불하고 있지 않으므로 업적이 좋게 보일 뿐, 임대료분을 가미하면 사실은 본업에서는 적자인 것입니다.

이러한 점을 인식하지 못하고 본업이 대폭적인 흑자라고 확신하고 차입을 하면서까지 새로운 자사 공장을 설립하면 이 회사는 순식간에 적자로 전락할 위험성이 커진다는 것입니다.

이 회사처럼, '과거의 유산'으로 수익을 내고 있는 회사는 수없이 많습니다.

가장 번화한 거리에 유행과는 전혀 관계가 없는 과일가게가 있습니다. 아무리 생각해봐도 사업이 잘 안 될 것처럼 보이지만 그런데도 옛날부터 영업을 계속해오고 있습니다.

이는 자신(자사)이 소유하고 있는 토지·건물로 인해, 임대료를 지불하지 않는 경우라고 생각됩니다. 또 빌딩을 자신(자사)이 소유하고 있기 때문에 임대료 수입도 들어오는 것입니다.

회계학적으로 말하자면, 과일가게를 그만두고, 타사에 임대하는 편이 돈벌이가 되겠지만, 임대료를 지불하지 않는 분량만큼 과일가게에서 조금은 수익이 생기고 있는 것처럼 보일 것입니다.

회계 능력을 익히는 데 있어 중요한 것은 기회원가를 포함시키는 것입니다.

기회원가란, '이렇게 되면 이러한 비용이 발생하고 있을 것'이라는 가설을 세우는 것을 말합니다. 가설을 세워 다시 계산해보면 진정한 업적이 보이게 됩니다.

표면상의 수치만 따라갈 것이 아니라 진정한 수치를 파악하기 위해서는 기회원가를 포함시킬 필요가 있다는 것을 잊지 말기 바랍니다.

차입금을 상환하는 것이 중요한 이유

　사업을 하는 데 있어서 금융기관으로부터의 차입금은 항상 고려해야 할 리소스 중 하나입니다.

　'차입을 하고 싶지 않으므로 현재 보유하고 있는 자금 내에서 내 몸집에 맞는 사업 규모로 하겠습니다'

　이렇게 말하는 경영자도 있을 것입니다. 그러나 어느 정도 사업 규모를 확대하고자 한다면 차입이 필요해집니다. 처음에는 '몸집에 맞게'라고 말하는 사람도 사업 규모를 확대하고자 하는 데는 분명한 이유가 있습니다.

　<u>오해하고 있는 사람이 많은 것 같은데, 결코 '차입 = 악'은 아닙니다.</u>

　오히려 차입할 필요가 없는 회사라도 차입하는 것은 중대한 일입니다. 왜냐하면 현재는 필요하지 않더라도 미래에 차입하고 싶을 때 은행과의 거래 실적이 없으면 적은 금액밖에 차입할 수 없기 때문입니다. '은행은 과거를 본다'는 것은 제1장에서 언급한 대로입니다.

또 현재는 금리가 비정상적으로 낮은 시대이므로 2~3%로 차입하는 것이 좋습니다. 더욱이 이자는 손금(경비)이 되므로, 세금까지 고려하면 실질금리는 '1~2%'입니다. 이 금리를 비싸다고 생각한다면 지금 하고 있는 사업을 그만두는 편이 좋을 것입니다.

그러나 현실적으로는 일단 차입하여 차입금을 상환해 나가는 것이 결코 쉬운 일은 아닙니다. 왜냐하면 '차입을 한다 = 차입한 돈을 먼저 사용한다'이기 때문입니다(차입한 돈을 사용할 필요가 없다면 좋겠지만).

이를테면 사업이 순조롭게 진행되고 종업원의 수도 증가했기 때문에 넓은 빌딩으로 이전했다고 가정합시다. 새로운 빌딩을 빌리게 되면 이사할 때 다음과 같은 비용이 필요하게 됩니다.

- 보증금 = 임대료 6~12개월분
- 내부 수리 = 회의실 등을 위해 칸막이를 하는 비용
- 새로운 비품(책상, 의자, 캐비닛, 컴퓨터 등)을 구입하는 비용

이러한 비용을 차입금으로 충당하면 빌린 돈을 먼저 지불해 버리므로 회사로서는 없어지는 셈입니다. 그것을 매월 상환해 가는 것이지만…. 이는 쉬운 일이 아닙니다. 왜냐하면 '차입금 상환 재원=세금공제 후의 이익(세후 이익)'이기 때문입니다.

자신의 일상생활을 생각해보면 이해하기 쉬울 수도 있습니다. 경우에 따라서는 이사를 해야 하지만 이사 비용과 보증금이 없어서 빚을 냈다고 가정합시다. 차입금을 매월 갚는 리소스는 급여의 순수입(액면 급여에서 세금 등을 공제한 금액)에서 생활비를 공제한 금액이 됩니다.

급여가 300만 원이고, 순수입이 250만 원인(50만 원 세금 등) 회사원의 생활비가 220만 원이라면 상환할 수 있는 금액의 최대치는 30만 원입니다.

하지만 이 사람은 이사 비용이 없는, 즉 저축을 해두지 않은 사람입니다. 250만 원의 순수입이 있더라도 생활비로 250만 원을 써버리는 사람일 가능성이 높다는 것입니다.

단순한 이야기지만 급여가 올라가거나 생활비를 줄일 수 없다면 차입금을 상환할 수 없는 것입니다.

회사 이전 문제로 화제가 바뀌지만, 결국은 세금까지 납부한 나머지 돈만이 차입금의 상환 리소스입니다. 확실히 이전 비용은 큰 금액이지만 지금까지 저축을 하지 못한 회사가 지금부터 차입금의 상환을 한다는 것은 간단한 일일까요? 미래에 돈이 벌릴 것이라고 생각하고 차입을 했음에도 불구하고 사업이 순조롭게 진행되지 않고 적자가 나면 어떻게 하겠습니까?

물론, 적자일 때 저축할 돈이 없는 것은 물론이거니와 본업만으로도 마이너스이므로 차입금 상환은 실질적으로 불가능해집니다.

반복해서 말하지만, 결코 '차입 = 악'은 아닙니다. 다만, 세금 공제 후 수익만이 차입금 상환 리소스라는 점을 인식해두어야 합니다.

'무차입 경영 = 안정'은 정답인가, 오답인가?

무차입 경영이란 회사 경영의 결과일 뿐, 무차입 경영 자체가 목표는 아닙니다. 그 의미를 생각해보겠습니다.

현재와 같은 저금리 시대라면 회사는 은행에서 2~3%의 금리로 차입할 수 있습니다. 상장기업이라면 1%대의 금리일 것입니다. 여기서는 2%의 금리로 은행에서 차입했다고 가정합시다.

2%라는 것은 10억 원 차입하여도 연간 2,000만 원의 금리입니다. 더욱이 이 금리 부분 2,000만 원은 세금상의 경비(손금)가 되므로 실효(實效)세율이 40%라고 가정하면 실질적인 금리 부담은

2,000만 원 × (1-40%) = 1,200만 원

이 됩니다.

즉, 표면금리가 2%라고 하더라도 실질금리는

2% × (1-40%) = 1.2%

입니다.

즉, 연 1.2% 이상의 투자 대 효과를 거둘 수 있는 비즈니스라면 은행에서 차입하여 비즈니스를 하는 것이 좋은 셈이 됩니다.

물론 비즈니스는 투자 대비 효과가 확실히 보장되는 것이 아니므로 여기에 리스크를 포함시킬 필요성이 있습니다. 그러나 단순하게 이야기하면 연 1.2% 이상의 투자 대 효과를 거둘 수 있는 비즈니스이므로 분명하게 말해 간단하지 않다고 생각해 버립니다.

1,000만 원을 투자하여 연간 1,012만 원의 수익을 낼 수 있는 전망을 가진 비즈니스이므로 10억 원을 차입하여 전액을 신규 사업에 투자합니다. 매년 1,200만 원 이상의 수익을 내면 차입하는 편이 이득입니다. 이 정도의 수익으로 사업에 플러스가 되므로 '차입을 안 하는 것이 이상하잖아?'라는 생각조차 들게 됩니다.

한때 무라카미펀드가 노렸던 포인트는 회계학적으로는 대단히 합리성이 있다고 생각합니다. 무라카미펀드는 거액의 현금을 보유하고 있음에도 사용처를 보여주지 않는 회사의 주식을 매입하여 주주총회 등에서 그 현금을 주주에게 배당하도록 요구하였습니다. 주식을 매입하여 경영진에게 배당을 요구하는 행위의 도덕성은 차치하고라도 회사가 거액의 현금을 보유하는 데는 확실히 의미가 없습니다.

무차입금 경영으로 거액의 현금을 보유하고 '그러므로 우리 회사는 안정적이다'라는 사람이 있는데, 그것은 어떤 의미로는 정답이고, 어떤 의미로는 오답입니다.

'어떤 의미로는 정답'이라는 것은 무차입 경영으로 거액의 현금을 보유하고 있으면 지진과 같은 자연재해가 발생하더라도 미불 사태가 생기지 않기 때문입니다.

그러나 리스크가 발생했을 때 현금이 필요하다면 은행에서 차입을 하면 된다고 생각할 수 있습니다. 또 현금을 보유하고 있더라도 아무런 이득이 되지 않습니다. 현금을 여분으로 보유하고 있다는 것은 1.2%로 투자 대 효과를 전망할 수 있는 비즈니스조차 할 줄 모르는, 장기적으로 보면 장래성이 없는 회사라고 할 수 있습니다.

그렇게 생각하면 '무차입 경영으로 거액의 현금을 보유하고 있는 회사는 안정적이다'라는 것은 '어떤 의미로는 잘못'이라는 점을 알 수 있을 것입니다.

2012년 6월 4일 니혼게이자이신문(닛케이(日經)신문) 조간에 다음과 같은 기사가 실렸습니다.

2011년도 말에 상장기업의 절반과 무차입금 회사의 숫자와의 비율이 2년 연속으로 과거 최고치가 되었다. 각 기업들은 유럽의 채무 문제가 주요국 경기의 족쇄가 될 것을 경계하여 재무 내용 개선을 서두르고 있다. 사업 환경 악화에 대비한 방어 태세를 구

축함과 동시에 미래의 성장에 대비한 투자 기회를 신중히 판별하려고 한다.

금융을 제외한 상장기업 3,383개 사 중 2012년 3월까지 1년간에 결산기를 맞이한 기업을 대상으로 니혼게이자이신문 사가 집계하였다. 차입금이 제로 또는 수중의 자금액이 사채나 차입 잔고를 웃도는 무차입 기업은 전체의 49.7%에 해당하는 1,681개 사로, 1년 전에 비해 35개 사가 증가하였다. 연결 결산 개시가 본격적으로 시작된 2000년도는 3개 사 중에 1개 사가 실질적으로 무차입이었다.

리스크를 중시한다면 차입을 적게 혹은 없애고, 반대로 매출 증가와 수익성 향상을 중시한다면 차입을 하여 사업에 지렛대(Leverage)[7]를 걸어야 하는 것입니다.

---

7 지렛대 효과(Leverage Effect): 자기자본과 차입금으로 투자했을 때 자기자본 투자로부터 얻어들이는 수익률이 정(+)의 레버리지일 때를 말한다.

내 집을 사야 하나, 말아야 하나?

그럼 돈을 빌린다는 것은 무엇을 의미하는 것일까요?

은행에서 차입을 하여 내 집을 마련하는 경우를 예로 들어보겠습니다.

결혼한 지 여러 해가 지나면 자기 집을 마련하고 싶어 합니다. 자녀가 생기면 어느 정도 넓은 공간의 집을 확보하고 싶어 합니다. 그렇다고 해서 내 집을 저축한 돈으로 살 수 있는 사람은 거의 없습니다. 수억 원이나 하는 인생 최고액의 쇼핑입니다.

그래서 두 가지 선택사항에 내몰리게 됩니다.

① 임대주택에 살면서 내 집 마련 비용을 저축한다.
② 빚을 내서 내 집을 마련한다.

이 두 가지 선택사항의 차이점은 '내 집에 살고 있는 기간'입니다.

①을 선택하면 구입비용이 저축될 때까지 수십 년간은 내 집에 거주할 수 없습니다. 즉, ②를 선택하면 '내 집에 일찍 거주할 수 있다'는 만족감을 빚으로 마련한다는 것입니다.

회사의 차입도 이와 같습니다.

• 새로운 상품을 취급하고 싶다.
• 더 넓은 사무실로 이전하고 싶다.
• 신규 사업을 시작하고 싶다.
• 설비 투자를 하여 생산성을 향상시키고 싶다.

회사가 수익을 내어 현금이 모일 때까지 기다려도 되지만 차입을 해서 시간을 벌 수 있다면 지금 당장 실행할 수 있습니다.

이것은 M&A도 마찬가지입니다. M&A와 머니게임을 동일시하는 사람이 많은 것 같은데, 이는 잘못된 것입니다. M&A의 본질은 '시간을 버는 것'입니다.

자사에서 신규 사업을 시작하는 것보다 이미 그 비즈니스를 시작하여 노하우 등을 가지고 있는 회사를 매수하는 편이 빠르다는 것입니다.

그러므로 군이 언급해두자면 차입에도 좋은 차입과 나쁜 차입이

있어서,

'시간을 버는 차입 = 올바른 회계 감각'
'사업 자금이 없으니까 차입 = 잘못된 회계 감각'

이라고 할 수 있습니다. 물론 사업 자금이 부족해서 지금 차입하여 장래에 확실히 상환할 수 있다면 잘못된 회계 감각이라고는 할 수 없지만 진정한 의미에서 100% 확실한 상환 계획은 없다고도 할 수 있습니다.

또 차입을 하면 시간을 벌 수 있지만, 물론 차입에는 지불해야 할 대가가 있습니다. 그것은 이자입니다. 참고로 말하면 내 집을 마련할 때 30년 상환의 주택금융을 이용하여 3억 원을 차입하면 지불하는 이자만 해도 1억 원을 초과합니다.

이 이자가 빨리 내 집을 소유하는 것의 대가입니다.

많은 사람은 '임대료를 지불하고 있는 집세보다 주택금융이 싸게 먹힌다면 내 집을 마련하겠다'고 생각하는 경향이 있지만 이자는 많고 또 자신이 자산을 소유하게 되면 수리비 등은 자신이 지불해야 합니다. 또 직장이 도산하는 등의 문제가 발생했을 때, 상환 문제를 떠안고 있으면 자유롭지 못합니다.

즉, 회계학적으로 설명하면, B/S가 팽창해 있는 상태입니다. B/S의 우측이 차입금이고, 좌측은 자산으로서 내 집이 있습니다. 차입을 하여 자산을 구입한다는 것은 리스크 내성이 내려갈 수도 있습니다.

Chapter

4

재무제표를 읽고
활용한다

대차대조표를 읽고 활용한다

❶ CASE STUDY B/S로 회사의 진정한 실력을 알 수 있다 • 124

❷ CASE STUDY B/S 기본 룰을 파악한다 • 128

❸ CASE STUDY 도요타의 대차대조표를 읽다 • 131

손익계산서를 읽고 활용한다

❶ CASE STUDY 기본은 '여섯 가지 이익' • 135

❷ CASE STUDY P/L은 아래쪽부터 본다 • 139

❸ CASE STUDY '돈이 벌리고 있다=돈이 있다'가 아니다? • 143

❹ CASE STUDY 수익은 '의견', 현금은 '사실' • 145

현금 유동성 계산서를 읽고 활용한다

❶ CASE STUDY 현금 유동성의 다섯 가지 유형 • 148

❷ CASE STUDY 현금 유동성이란? • 151

세금 지식은 왜 필요한가?

❶ CASE STUDY 가격이 하락한 토지는 언제 매각해야 할까? • 154

❷ CASE STUDY 미래에 대한 '투자'는 세금 이득을 본다 • 157

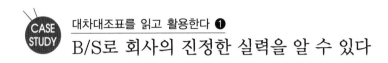
B/S로 회사의 진정한 실력을 알 수 있다

회계학을 공부할 때 가장 이해하기 어려운 것이 대차대조표 (B/S)[8]일 것입니다.

손익계산서(P/L)[9]도 자세히 들여다보면 이해하기 어려운 부분이 있겠지만 요약해서 말하면 '매출이 있어야 경비를 공제하고 그 차액이 이익 금액이 된다'고 하면 감각적으로 이해하기 쉬울 것 같습니다.

회계학을 배우는 데 있어서 대차대조표와 손익계산서의 상관관계, 즉 왜 두 가지 개념이 필요한 것인지 잘 모르겠다고 말하는 사람도 많은 것 같습니다. 그래서 하나의 비유를 들어 소개하겠습니다.

지금 목욕탕에 물이 채워져 있습니다.

배수구로 물이 새고 있는지 수위가 점차 내려가고 있습니다.

그래서 지금부터 10분 가량 수돗물로 채우려고 합니다.

그러면 이 목욕탕의 상태 변화를 계측하기 위해서는 어디에 센서를 달아야 할까요?

---

8 대차대조표(B/S): Balanced Sheet
9 손익계산서(P/L): Profit and Loss Statement

정답은 두 가지입니다.

① 수도꼭지와 배수구에 센서를 달아 측정한다(들어오고 나감, 유동성을 관리).
② 수위 측정계를 달아 10분간 변화를 측정한다(수위, 재고를 관리).

한 가지 사실은, 두 가지 측면에서 측정·기록할 수 있습니다. 그렇습니다.

①번이 손익계산서, ②번이 대차대조표 개념입니다.

그러므로 결산서의 본질은 사물을 유동성과 재고 양 면에서 파악하는 것입니다.

이제는 대충 대차대조표와 손익계산서의 의미를 이해했을 것이라 생각합니다.

대차대조표란 스톡(잔고)을 보여주는 것이고, 손익계산서는 플로(단기 수익)를 보여주는 것입니다. 즉, 각 회사(기업)의 상태를 다른 측면에서 계측하는 것으로, 양쪽 모두 중요하다고 할 수 있습니다.

사실 대차대조표와 손익계산서에는 중요도 측면에서 차이가 있다는 것은 아무도 말해주지 않습니다. **결론부터 말하자면 중요한 것은 대차대조표입니다.**

손익계산서는 매분기마다의 매출·경비·이익을 나타내는 것으로, 중요하기는 하지만 매분기마다 없어지는 것입니다. 한편 대차대조표는 매분기마다 누적이 표시됩니다.

학교 성적표와 (공부의) 실력을 예로 들어보겠습니다.

올해는 공부를 열심히 하여 성적이 대단히 좋았지만 작년까지는 공부를 전혀 하지 않았기 때문에 진정한 의미의 실력은 아직도 붙지 않았습니다. 공부를 중단한 순간에 성적이 떨어져 버립니다.

이와 반대로 올해는 사기가 떨어져 그다지 공부를 하지 않았기 때문에 성적이 조금 내려갔습니다. 그러나 작년까지 줄곧 공부를 해왔기 때문에 실력은 확실하여 내년 이후에는 성적 향상을 기대할 수 있는 상태입니다.

손익계산서란 올해의 성적표이기는 하지만, 이것으로 내년도의 성적을 가늠할 수 있는 것은 아닙니다. 회사의 진정한 실력은 대차대조표에 '누적되어' 있습니다.

지진과 같은 특수한 경우도 이와 마찬가지입니다. 자연재해로 손익계산서가 나빠지는(즉, 이익이 나오지 않게 되는) 것은 겉으로 드

러난 문제일 뿐, 대차대조표가 확실하다면 최저한도의 리스크(도산)는 피할 수 있는 것입니다.

실제로 직업회계사(예 세무사, 공인회계사)는 대차대조표부터 먼저 살펴보고, 재무제표를 나열하는 룰도 기본적으로 대차대조표가 먼저 표기되고, 손익계산서가 나중에 표기됩니다.

회사에서는 흔히 당기의 목표로 '매출', '경비', '이익'을 열거할 수 있지만 경영을 고려하면 대차대조표로 수치 목표를 세워야 합니다.

회계학을 공부한다면 손익계산서만으로 이해하는 데 그치지 말고, 대차대조표를 제대로 이해하는 것이 중요합니다.

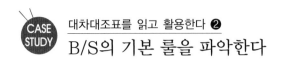

B/S의 기본 룰을 파악한다

대차대조표는 통상 'B/S'라고 부릅니다. 이는 대차대조표가 영어 'Balance Sheet'에서 유래했기 때문입니다.

상장회사라면 결산 발표가 의무화되어 있기 때문에 유명한 회사나 관심이 가는 회사의 B/S를 쉽게 볼 수 있습니다. 이를테면 인터넷으로 '소프트뱅크 대차대조표'를 검색하면 소프트뱅크 회사 사이트에서 대차대조표와 그 추이·해설까지 살펴볼 수 있습니다.

어떤 B/S이든 제일 아래쪽의 합계 수치의 좌우(자산·부채 순자산 합계)는 반드시 동일한 수치(금액)가 됩니다.

B/S를 보는 기본적인 룰을 간단히 설명하겠습니다.

먼저 좌측에는 '자산'을 표시합니다. 회사에는 현금과 미수금(매출에 계상했지만 아직 회수되지 않은 돈), 또 컴퓨터와 자동차 등의 자산이 있습니다. 이러한 것들이 유동성이 높은 것부터 차례대로 위에서부터 표시되는 룰이 되었습니다.

또 우측에는 '총자본'을 표시합니다. 크게 분류하면 '부채'와 '자본' 두 가지입니다.

'부채'는 글자 그대로 차입금이 주된 것이지만, 이 밖에도 외상값과 미불금(지불해야 하는데 아직 지불하지 않은 돈)도 있습니다. 이것도 유동성이 높은 것부터 차례대로 표시됩니다.

자본은 자본금과 지금까지의 이익으로 쌓인 것(잉여금)이 세 가지 종류로 분류되어 표시됩니다.

그런데 이와 같은 B/S의 '룰'에 관해 설명을 들어도 솔직히 머릿속으로 감이 오지 않을 것입니다. B/S를 제대로 보는 방법은 단 한 가지입니다. 그것은,

B/S의 우측 = '자금 조달 원천'
B/S의 좌측 = '자금 운용 형태'

로만 인식하는 것입니다. 도표로 간단히 표시하면 130페이지 [그림 12]와 같습니다.

즉, B/S의 우측은 회사가 어떤 명목·루트로 돈을 만든(조달한) 것인지를 의미합니다.

차입금이라면 은행에서 빌려서 돈을 만든(조달한) 것이고, 자본금이라면 주주로부터 돈을 받아들여(출자를 받아) 돈을 만든(조달한) 것입니다.

이와 반대로 B/S의 좌측은, 우측에서 조달한 돈이 구체적으로 어떤 형태로 바뀌었는지를 표시하고 있습니다. 현금으로 남아 있는 것도 있을 것이고, 컴퓨터나 자동차를 사서 사용하고 있을 수도

있습니다. 회사에 남아 있는 자산을 좌측에 표시하고 있습니다.

B/S의 세세한 룰 등을 기억할 필요는 없기 때문에 반드시 우측·
좌측의 '의미'를 이해할 수 있다면, 그것만으로도 B/S의 의미를
이해할 수 있게 됩니다.

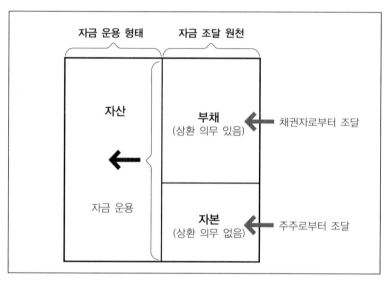

[그림 12] 대차대조표(B/S)의 의미를 이해한다.

도요타의 대차대조표를 읽다

'내부유보(內部留保)'라는 말은 쉽게 이해되지 않는 회계 용어 중의 하나입니다.

내부유보란, '과거 이익의 축적'입니다. 좀 더 정확하게 표현하면, 세금을 납부한 후의 이익(세금공제 후 이익)을 과거부터 합계(축적)한 것입니다. 내부유보가 아무리 크다고 하더라도 회사가 그 금액을 현금으로 보유하고 있는 것은 아닙니다. 내부유보도 차입금과 마찬가지로 설비 투자나 상품 재고로 되어 있을 수도 있습니다.

'내부유보가 많다 = 우량 회사'로 착각하고 있는 사람이 많은데, 내부유보가 많다는 것은 과거에 벌어들인 금액이 크다는 것일 뿐, '현금을 갖고 있다 = 망하지 않을 회사'는 아닙니다(물론 내부유보가 많은 것은 좋은 일이지만).

도요타 기업의 웹 사이트에 공개되어 있는 2012년 3월 말의 결산서에서 대차대조표의 부분을 132페이지에 인용하였으므로 참고하기 바랍니다[10].

---

10 http://www.toyota.co.jp/jpn/investors/financial_results/2012/year_end/yousi.pdf

	전연결 회계 연도 (2011년3월31일)	당연결 회계 연도 (2012년3월31일)	증감	
자산부				
유동자금				
현금 및 현금 동등물	2,080,709	1,679,200	△	401,509
정기예금	203,874	80,301	△	123,573
유가증권	1,225,435	1,181,070	△	44,365
어음 및 미수금				
〈대손충당금 공제 후〉	1,449,151	1,999,827		550,676
대손충당금 잔고:				
2011년 3월 31일				
11,856천만 원				
2012년 3월 31일				
13,004천만 원				
금융채권〈순액〉	4,136,805	4,114,897	△	21,908
미수입금	306,201	408,547		102,346
도매자산	1,304,242	1,622,282		318,040
연기세금 자산	605,884	718,687		112,803
전불비용 및 기타	517,454	516,378	△	1,076
유동자산 합계	11,829,755	12,321,189		491,434
장기금융채권〈순액〉	5,556,746	5,602,462		45,716
투자 및 기타자산				
유가증권 및 기타의				
투자 유가증권	3,571,187	4,053,572		482,385
관련 회사에 대한 투자				
및 기타 자산	1,827,331	1,920,987		93,656
종업원에 대한 장기대부금	62,158	56,524	△	5,634
기타	661,829	460,851	△	200,978
투자 및 기타 자산 합계	6,122,505	6,491,934		369,429
유형고정비				
토지	1,237,620	1,243,261		5,641
건물	3,635,605	3,660,912		25,307
기계장치	8,947,350	9,094,399		147,049
임대용차량 및 기구	2,491,946	2,575,353		83,407
건설임시계산	298,828	275,357	△	23,471
소계	16,611,349	16,849,282		237,933
감가상각 누계액〈공제〉	△ 10,302,189	△ 10,613,902	△	311,713
유형 고정자산 합계	6,309,160	6,235,380	△	73,780
자산 합계	29,818,166	30,650,965		832,799

[그림 13] 도요타의 연결대차대조표(B/S)(2012년 3월期)

	전연결 회계 연도 (2011년 3월 31일)	당연결 회계 연도 (2012년 3월 31일)	증감	
자산부				
유동부채				
단기차입 채무	3,179,009	3,450,649		271,640
1년 상환 예정 장기차입 채무	2,772,827	2,512,620	△	260,207
지불어음 및 외상값	1,503,072	2,242,583		739,511
미불금	579,326	629,093		49,767
미불비용	1,773,233	1,828,523		55,290
미불법인세 등	112,801	133,778		20,977
기타	870,722	984,328		113,606
유동부채 합계	10,790,990	11,781,574		990,584
고정부채				
장기차입채무	6,449,220	6,042,277	△	406,943
미불퇴직, 연금비용	668,022	708,402		40,380
연기세금부채	810,127	908,883		98,756
기타	179,783	143,351	△	36,432
고정부채 합계	8,107,152	7,802,913	△	304,239
부채 합계	18,898,142	19,584,487		686,345
순자산부				
주주자본				
자본금	397,050	397,050		―
발행가능주식 총수				
2011년 3월 31일 및				
2012년 3월 31일				
1,000,000,000주				
발행주식 총수				
2011년 3월 31일 및				
2012년 3월 31일				
3,447,997,492주				
자본잉여금	505,760	550,650		44,890
이익잉여금	11,835,665	11,917,074		81,409
기타 포괄 이익, 손실(△) 누계액	△ 1,144,721	△ 1,178,833	△	34,112
자기주식	△ 1,261,383	△ 1,135,680		125,703
자기주식 수				
2011년 3월 31일				
312,298,805주				
2012년 3월 31일				
281,187,739주				
주주자본합계	10,332,371	10,550,261		217,890
비지배지분	587,653	516,217	△	71,436
순자산 합계	10,920,024	11,066,478		146,454
계약채무 및 우발채무				
부채순자산 합계	29,818,166	30,650,965		832,799

133페이지 아래쪽에 '이익잉여금'이라는 항목이 있는데, 이것이 바로 일반적으로 말하는 '내부유보 금액'입니다. 2012년 3월 말을 기준으로 도요타의 내부유보는 약 120조 원 정도입니다. 이만큼 도요타는 '과거'에 많이 벌어들인 것입니다.

왼쪽 페이지의 맨 위쪽을 보면 도요타는 현금을 20조 원 정도 보유하고 있습니다. 내부유보와 비교하면 작다는 것을 알 수 있습니다. 이것은 내부유보(과거에 벌어들인 돈)가 없어진 것이 아니라 현금 이외의 자산(유가증권과 미수금·설비와 상품 등)으로 바뀐 것입니다.

참고로 말하자면, 도요타의 채무(빚)는 1년 이내에 상환해야 할 '단기차입금'으로 30조 원, '장기차입금'으로 60조 원 이상이나 됩니다. 매출이 190조 원의 회사가 합계 100조 원의 빚을 지고 있는 셈이므로, 아마 일반적으로 느끼고 있는 것보다도(재무적으로) 초우량기업이라고는 할 수 없습니다.

기본은 '여섯 가지 이익'

그럼 대차대조표와 더불어 중요한 재무제표인 손익계산서(P/L)는 무엇을 의미하는 것일까요? 이것은 이미 언급한 대로, '그 분기의 수익(이익 금액)을 산출하기 위한 것'입니다.

P/L은 위에서부터, ① 매출 ② 매출총이익 ③ 영업이익 ④ 경상이익 ⑤ 세금공제 전 순이익 ⑥ 세금공제 후 순이익이 표시되어 있고, 이것이 제도회계상의 룰이 되었습니다. 그러므로 어느 회사의 P/L을 보더라도 이 순서로 되어 있습니다.

이 여섯 가지 이익(수익)을 각각 분석해보겠습니다.

① 매출

P/L의 맨 위쪽에는 '매출'이 표시되어 있습니다. P/L의 목적은 '이익'을 계산·표시하는 것이므로 본래 매출 표시는 불필요할 수도 있지만, 매출을 표시하지 않고 이익만을 표시하면 매출에 대한 이익률 등을 계산할 수 없기 때문에 필요한 수치가 됩니다.

또 매출을 바꾸어 말하면 '고객으로부터의 지지'라고도 할 수 있습니다.

A 회사	매출: 1,000억 원	이익: 10억 원
B 회사	매출: 100억 원	이익: 20억 원

'어느 쪽이 좋은 회사입니까?'라는 질문을 받으면 이익금액이 큰 B 회사라고 대답할 사람이 많겠지만, B 회사는 아무리 매출액이 많더라도 이익 100억 원이 한계입니다. 한편 A 회사는 이익률이 좋아지면 이익을 많이 계상할 수 있는 잠재력이 있기 때문에 매출 금액이 큰 A 회사를 높이 평가할 수도 있습니다.

당연히 A 회사가 고객으로부터 지지를 받고 있기 때문에 매출이 B 회사의 10배나 된다고 할 수 있습니다(물론, 매출이 크고 이익이 작아도 된다는 의미는 아닙니다).

② 매출총이익

매출총이익은 매출에서 원가(매출을 얻기 위해 직접 들어간 비용)를 공제하여 산출합니다.

700원으로 사업한 것을 1,000원에 판매하면 매출총이익은 300원이고, 300원으로 제조한 것을 2,000원에 판매하면 매출총이익은 1,700원이 됩니다.

매출총이익은 당연히 회사가 사업을 하기 위한 이익의 원천입니다. 매출총이익이 없으면 종업원도 고용할 수 없고, 임대료도 지불할 수 없습니다.

또 한편으로 매출총이익 ÷ 매출이 높을수록 브랜드 가치가 있다고 판단할 수 있습니다.

명품 지갑이나 핸드백, 시내 중심가의 고급 레스토랑 등을 생각하면 쉽게 알 수 있지만, 100만 원 이상이나 되는 것이라도 원가는 그렇게 많이 들지 않습니다. 값싸게 사입하여 비싸게 팔 수 있다는 것은 그만큼 브랜드 가치가 있다고 평가할 수 있습니다.

③ 영업이익

영업이익이란, 매출총이익에서 통상적으로 들어가는 비용(인건비와 임대료 등)을 공제하고 구한 이익입니다. 이익에는 여러 가지 종류가 있지만 영업이익이야말로 '본업에서의 수익'을 표시하고 있습니다. 그러므로 <u>경쟁 회사 등과 이익을 비교하는 경우, 이 영업이익을 사용하는 것이 가장 적절하다고 할 수 있습니다.</u>

④ 경상이익

경상이익은 영업이익에서 본업과는 직접적인 관련이 없는 수익·비용을 덧셈·뺄셈으로 계산합니다.

예를 들어 은행으로부터의 차입이 있으면 이자는 여기서 계산하며, 외국과의 거래가 있으면 환차손익도 여기서 계산합니다.

⑤ 세금공제 전 순이익

세금공제 전 순이익은 경상이익에서 돌발적인 수익·비용을 덧셈·뺄셈으로 계산합니다. 회사 전체의 수익을 나타내고 있습니다.

⑥ 세금공제 후 순이익

세금공제 후 순이익은 세금공제 전 순이익에서 회사가 납부한 세금을 공제하고 계산합니다.

<u>세금공제 후 순이익은 투자가가 가장 중요시하는 이익입니다.</u> 왜냐하면 이것이 세금까지 납부한 후의 돈이며, 진정으로 회사에 남는 것은 이 이익뿐이기 때문입니다.

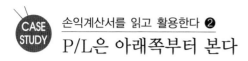
P/L은 아래쪽부터 본다

손익계산서(P/L)를 보는 방법에 관해 좀 더 살펴보겠습니다.

P/L은 앞 항에서 언급한 바와 같이 위쪽부터 ① 매출 ② 매출총이익 ③ 영업이익 ④ 경상이익 ⑤ 세금공제 전 순이익 ⑥ 세금공제 후 순이익 순으로 표시됩니다. 그렇게 되면 ①부터 차례대로, 즉 '위쪽에서 아래쪽으로' P/L을 보는 것이 일반적이라고 생각되지만, 이와 반대로 '아래쪽에서 위쪽으로' 보는 것이 정답입니다.

다음의 P/L을 예로 들어 설명하겠습니다(이해하기 쉽도록 룰을 무시하고 간소화하여 표기하였습니다).

매출:	1,000억 원
비용(경비):	980억 원
세금공제 전 순이익:	20억 원
세금(50%로 가정):	10억 원
세금공제 후 순이익:	10억 원

그럼 여기서 세금공제 후 순이익을 10억 원 증가시키려면 어떻게 하는 것이 좋을까요? [그림 14]를 참고하기 바랍니다. 이 P/L

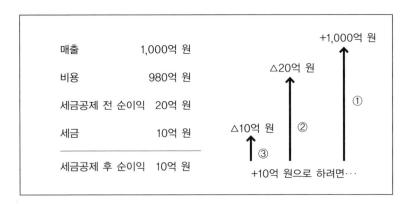

[그림 14] 세금공제 후 순이익을 10억 원 증가시키려면(위 그림에 적용)

을 아래쪽에서 위쪽으로 보면 다음의 세 가지 방법을 생각할 수 있습니다.

① 매출을 1,000억 원 플러스한다(매출을 2배).
② 경비를 20억 원 삭감한다(경비를 약 2% 컷).
③ 세금을 10억 원 삭감한다(세금을 100% 컷).

즉, P/L을 위쪽부터 보는 것은 '매출'을 가장 중요시하는 사고방식이며, 아래쪽부터 보는 것은 '세금공제 후 순이익'을 가장 중요시하는 사고방식입니다.

여기서는 P/L을 아래쪽에서부터 보므로 세금공제 후 순이익을

10억 원 증가시키려면 '매출을 1,000억 원 증가시키는 것, 경비를 20억 원 삭감하는 것, 세금을 전부 줄이는 것은 같은 가치(同價値)임'을 알 수 있습니다.

즉, 매출 증가는 세금공제 후 순이익에 1%의 영향밖에 주지 않습니다. 경비 삭감은 세금공제 후 순이익에 50%나 영향을 줍니다. 그리고 절세 효과는 세금공제 후 순이익에 100%의 영향을 준다는 것을 알 수 있습니다.

그러므로 결과적으로, 경비를 삭감하여 세금공제 후 순이익을 증가시키거나 절세를 하여 세금공제 후 순이익을 증가시키는 것이 레버리지(Leverage)가 들게 됩니다. 매출을 2배로 하는 것은 즉시 가능한 일이 아니니까요.

여기서는 매출을 늘리는 데 주력해서는 안 된다는 것이 아닙니다. 매출을 늘리려고 하면 그 분량(비율)만큼 경비가 올라가는 단순한 시뮬레이션하에 해설하고 있습니다. 실제의 비즈니스는 그렇게 단순하지 않습니다. 또 이와 반대로 비용을 낮추면 그만큼 매출이 줄어든다는 것도 고려할 수 있을 것입니다.

그러나 P/L을 굳이 아래쪽부터 살펴봄으로써,

- 매출 지상주의에서 빠져나올 수 있다.
- 이익을 증가시킬 수 있는 해결책을 알 수 있다.

• 이익을 증가시키려면 레버리지(Leverage)를 거는 것이 효과
  적이다.

라는 올바른 사고방식을 익힐 수 있습니다.

 또 사내 개혁을 할 때 가장 먼저 경비 삭감부터 착수한다는 점은
앞 장에서 언급한 '경비 삭감 후에 매출 신장을 고려한다'는 방법
과 일치한다는 사실을 인식하는 것이 포인트입니다.

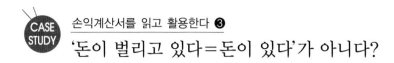

'돈이 벌리고 있다＝돈이 있다'가 아니다?

28페이지에서 현금이 부족해지는 요인에 관해 언급했는데, P/L의 관점에서 계속 설명하겠습니다.

P/L을 보면 아무리 돈이 잘 벌리는(이익이 나고 있는) 회사라고 하더라도 회사에 현금이 없는 회사도 있습니다. 그러므로 '돈이 벌리고 있다 ＝ 현금에 여유가 있다'라고 말할 수는 없습니다.

KDDI의 창업자인 이네모리 가즈오 씨는 늘 이렇게 말하고 있습니다.

"돈이 벌린다는 것은, 회사에 돈이 남는다는 것이다."

또 마츠시타 고노스케 씨는 현역 시절 여러 번 금고를 바라보고 있었다고 합니다(그 당시는 은행이 아닌 금고에 현금 등의 자산을 보관하고 있었습니다).

왜냐하면 재무제표를 보면 확실하게 회사에 이익이 있으므로, 그에 따른 현금이 증가하고 있는지, 아닌지 자신의 눈으로 확인하고 싶었던 것 같습니다.

그럼 왜, 'P/L에서는 돈이 벌리고 있는 회사라도 현금은 없다'라는 사태에 직면하는 것일까요? 두 가지 경우를 예로 들어보겠습니다.

1️⃣ 당기 매출은 10억 원, 그러나 이 10억 원은 6개월 후에 입금된다

매출이 아무리 많아도 그만큼 현금을 받지 않으면 현금이 되지 않습니다. 이러한 상태를 고객이나 거래처에 대한 '미수금'이라고 합니다. 한편 비즈니스를 지속하기 위해서는 매월 종업원 급료와 건물 임대료를 지불해야 합니다. 기본적으로 비즈니스는 먼저 현금이 나가고, 나중에 현금이 들어오는 구조로 되어 있기 때문에 이 차액이 '운영자금'으로서 마이너스가 되는 수가 많습니다.

2️⃣ 당기 매출은 10억 원이고 이익은 1억 원, 그러나 2억 원이나 차입금을 상환해야 한다

아무리 이익이 있더라도 그 이상으로 차입금이나 거래처에 대한 지불이 필요하다면 현금 베이스로는 마이너스가 되어 버립니다. 더욱이 이익이 1억 원 나면 그 이익에 대해 법인세 등의 세금이 부과되므로 실제로 수중에 남는 것은 6,000~7,000만 원 정도입니다. 그럼에도 불구하고 매년 2억 원이나 되는 차입금을 상환하고 있다면 이익이 4억 원 정도 나지 않을 경우, 현금은 줄어들기만 합니다. 이처럼, 일반적인 회사에서는

① 매출과 미수금 회수 시기가 어긋난다.

② 차입금 등의 상환이 있다.

의 크게 두 가지 이유로 '돈이 벌린다 ≠ 돈이 있다'는 현상이 발생할 수 있다는 것입니다.

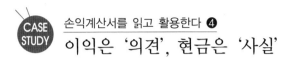
'P/L은 회사가 조작할 수 있다'

이런 말을 들으면 P/L이 의심스럽다고 생각합니까? 그러나 이는 사실입니다.

그래서 회계학적으로 흔히 말하기를 '이익은 의견, 현금은 사실'이라고 합니다. 회계를 모르면 이 말의 진정한 의미를 알 수 없습니다.

'현금은 사실'이라는 말은 이해하기 쉽습니다. 현금은 움직이지 않습니다. 1,000만 원의 현금을 갖고 있으면 그냥 1,000만 원입니다. 그러나 이익은 다릅니다. 1,000만 원의 이익이 1,000만 원의 현금을 만들어 냈다고는 할 수 없습니다.

이익에 관해서는, '매출·경비 = 이익' 이므로 누가 계산하더라도 동일한 이익이 된다고 생각하는 사람이 많지만, 현실은 다릅니다.

분명히 '이익은 의견'이므로 경영자의 자의적인 의향이 반영되기 마련입니다.

회계학적으로 자의적인 계산이 허용될까요? 회계에서는 룰이 정해져 있습니다. 이 룰을 아는 것이 회계 입문서의 주된 역할일 수도 있습니다. 그러나 이 룰도 융통성 없게 정해져 있는 것은 아닙니다. 즉, 룰에 따르고 있어도 어느 정도 처리할 시기와 금액에 자의적인 의향을 삽입할 여지가 있다는 것입니다.

이를테면, 다음 분기에 채산이 맞지 않는 점포를 폐쇄할 것을 결정하였고, 그 철수 비용(건물의 원상 복구 비용과 직원의 퇴직금 등)을 합리적으로 산출할 수 있는 경우, 철수를 결정한 분기의 손실로 계상하는 것이 가능합니다.

즉, 실제로 철수한 시기의 손실로 하는 것이 아니라 철수를 결정한 시기의 손실로 '할 수도 있다'는 것입니다. 이것이 바로 이익을 자의적으로 움직일 수 있는 이유입니다.

회계는 '손실이 아닌 한 빨리, 수익은 가능한 한 늦게'가 원칙으로 되어 있습니다. 이렇게 함으로써 이익액이 과대하게 계상되는 일 없이 '보수적 = 건전한 회계'를 할 수 있다는 것이 사고방식의 베이스입니다.

그러나 곰곰이 생각해보면, 이익을 가능한 한 적게 한다거나, '이익을 크게 하자'처럼 말할 수 있는 것 자체가 이상하다고 느껴지지 않습니까?

이를테면 중소기업의 경우, 실무상으로는 세무회계가 전부입니다(세무회계와 다른 회계의 차이에 관해서는 『경리 이외의 사람들이 가장 쉽게 활용할 수 있는 회계 책』을 참고하기 바랍니다).

그러므로 은행용으로 결산서를 내놓는 경우, 회사의 이익이 많게 보이고 싶으면 감가상각을 하지 않고 비용(손금)을 과소하게 하여 이익(소득)을 크게 보여주는 일이 예사로 행해지고 있습니다. 이것은 세무회계상 전혀 문제가 되지 않는 처리입니다.

약간 이야기가 빗나가지만, 저는 소위 사장님이라는 분들의 "우리 회사는 이익이 나고 있다"는 말을 일절 믿지 않습니다. 이익을 내려고 마음 먹으면(회계상) 누구든지 가능하다는 점을 알고 있기 때문에 이익이 나고 있다는 것 자체에 의미는 없습니다.

이익은 자의적인 것이므로, 현금의 유동성을 보는 것이 중요합니다. 분명히 '이익은 의견, 현금은 사실'입니다.

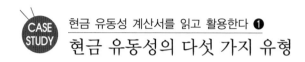
현금 유동성의 다섯 가지 유형

아무리 이익이 나고 있더라도 수중에 현금이 없으면 사업을 확장시킬 수 없습니다. 사업을 확장시키는 데에는 '이익'이 아니라 '현금'이 필요합니다. 그래서 B/S나 P/L과는 별도로 현금 유동성 계산서(C/S)를 볼 필요가 있는 것입니다.

현금 유동성은 제도회계의 룰상 크게 세 가지로 분류됩니다.

① 영업활동의 현금 유동성

사업을 하면서 벌어들인 현금의 증감을 나타냅니다. 여기를 봄으로써 본업에서 얼마만큼의 수익이 있었는지를 판단할 수 있습니다.

② 투자활동의 현금 유동성

기계 구입이나 공장 건축 등 선행투자를 한 만큼의 현금 증감을 나타냅니다. 투자이므로 통상적으로는 마이너스(△)가 됩니다.

③ 재무활동의 현금 유동성

은행에서의 차입, 출자금 유치 등 금융에서 얼마만큼 현금이 움직였는지를 나타냅니다.

P/L상의 이익, 현금, 유동성 세 가지 포인트에서 대부분의 기업은 다음의 다섯 가지 패턴으로 분류할 수 있습니다.

패턴 1 이익: 100 ① 100 ② △50 ③ △30

무엇보다도 사업이 순조롭게 되어 가는 패턴입니다. 이익에 수반된 현금을 벌어들이면서 그 범위 내에서 선행투자를 하고, 차입 등도 상환하고 있습니다.

패턴 2 이익: 100 ① 100 ② △200 ③ 100

사업으로 현금은 벌어들이고 있지만 사업 확장 등에서 거액의 선행투자가 발생하여 차입 등으로 조달하고 있는 패턴입니다.

패턴 3 이익: 100 ① △50 ② △50 ③ 50

이익과는 맞지 않게 현금이 줄어들었습니다. 미수금 회수에 곤란을 겪고 있는, 현금 회수가 늦는 업종의 회사입니다.

패턴 4 이익: △50 ① 100 ② △50 ③ 0

적자인데도 불구하고 본업에서 현금이 늘어나고 있습니다. 미수금 회수가 발생한 경우에 이러한 패턴이 됩니다.

패턴 5 이익: △ 100 ① △100 ② 200 ③ △100

이익과 더불어 현금 상황이 너무 좋지 않아 통상적으로는 마이너스가 될 투자 활동의 현금 유동성이 플러스가 되었습니다. 설비와 기계 등을 매각하기까지 현금을 염출하고 있는 회사입니다.

P/L만으로 사업의 상황과 미래를 파악할 수는 없습니다. C/S[11]와 함께 패턴에 적용하여 판단할 필요가 있습니다.

---

11 C/S; 현금 흐름표(Statement of Cash Flows)

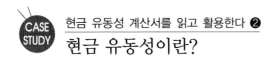
"회계학을 공부하려면, B/S와 P/L뿐만 아니라 현금 유동성 (C/S)[10] 계산서도 제대로 파악하세요"라는 말을 흔히 듣습니다. 왜냐하면 회사가 도산하는 원인은 수중에 현금이 없어졌을 때뿐이기 때문입니다.

또 P/L상으로 아무리 이익이 나더라도, 그런 것에는 의미가 없다는 것은 앞에서 언급한 바와 같습니다. 벌어들인 만큼 현금이 남는 것에 의미가 있는 것입니다.

경영자라면 모두가 실감하고 있겠지만 P/L에서 이익이 있는데도 회사에 현금이 쌓이지 않는 상황은 흔히 발생합니다. 이것이 바로 가계부와의 차이입니다. 가계부의 경우 수입과 지출만 파악하면 되므로 매월 300만 원의 순수입이 있으면 그 이상 사용하지 않는 한 대부분의 경우, 프리 저축은 할 수 있습니다.

기업의 현금 유동성을 살펴보는 데 있어 가장 중요한 것은 '프리 현금 유동성'입니다. 프리 현금 유동성은 계산서상으로 다음과 같이 계산할 수 있습니다.

프리 현금 유동성 = 영업C/F[12](현금 유동성) + 투자C/F[12]

여기서 착각하기 쉬운 것은 '+투자CF[12]'이므로 현금이 늘어나는 것처럼 생각해 버리지만 통상적으로 '투자CF[12]'는 마이너스가 되므로 실제로는 뺄셈입니다.

'투자CF[12]'란, 신입사원이 들어온 때부터 컴퓨터를 사거나, 점포를 출점하거나 새로운 기계를 구입하는 등 진정으로 '투자'되는 돈을 말합니다. 즉, 프리 현금 유동성이란 본업에서 벌어들인 돈(영업CF[12])에서 투자로 사용한 돈(투자CF[12])을 공제한 것으로, 그 기업이 '본래의 사업 활동으로' 만들어 낸 현금을 말합니다.

프리 현금 유동성은 본업에서 만들어 낸 돈에만 주목하고 있는 데서 기업의 진정한 실력을 보여주고 있습니다.

그런데 상장한 기업이라면 인터넷 등으로 C/S가 공개되어 있기 때문에 알기 쉽지만, C/S 자체를 만들지 않는(공개하지 않는) 중소기업이라면 판단할 수 없습니다.

이러한 경우 프리 현금 유동성을 간단하게 계산하는 방법은,

프리 현금 유동성 = 세금공제 후 이익 + 감가상각비

라는 것을 알아두어야 합니다.

즉, 본업에서 벌어들인 이익액에 현금 지출이 앞으로 발생하지 않을 감가상각비를 모두 합함으로써 본업에서 창출할 금액을 알 수 있습니다.

회계에 정통한 사람이라면 '세금공제 후 이익 + 감가상각비'로 정확한 현금 유동성은 계산할 수 없을 것이라고 생각하겠지만, 자세한 부분을 생략하고 대충 계산하면 큰 차이는 없습니다.

본래는 C/S를 제대로 파악해야 하지만 먼저 간편한 계산 방법으로 현금 유동성을 파악하여 판단할 수 있다면 일단은 충분할 것입니다.

---

12 C/F: 현금 흐름표(Cash Flow Statement)

가격이 하락한 토지는 언제 매각해야 할까?

'세금 지식이 없으면 비즈니스상 올바른 판단이나 의사결정을 할 수 없다'는 것이 사실이므로 많은 분들이 세금에 관한 것을 알 아두라는 의미에서 저는 세금에 관한 책도 저술했지만, 좀처럼 이 해가 안 되는 것 같습니다.

어떤 회사가 버블 경기 때 토지를 매입하였습니다. 매입할 당시 의 가격은 100억 원이었습니다. 그러나 현재는 매각하려고 해도 시세가 20억 원 정도 이하로 내려갔습니다.

이 회사는 '20억 원은 너무 싸기 때문에 현 시점에서는 팔고 싶 지 않다. 더 가격이 상승할 때까지 기다리자'라는 의사결정을 합니 다. 흔히 하는 생각입니다.

부동산회사처럼 일단 건축한 물건을 시장 상황이 좋지 않다는 이유로 경기가 회복된 후에 매각하려고 내놓는 것은 흔히 있는 경 우입니다.

그러나 앞서 언급한 회사가 토지를 매각하려고 하지 않는 것은 정말로 올바른 의사결정일까요?

먼저, 토지의 장부 가격(매입 당시의 가격) 100억 원이 현재는 시세가 20억 원이 되었다고 하더라도 '세금 계산상은' 100억 원 그대로입니다.

그렇게 말할 수 있는 것도 회계상 감손 처리라는 것이 인정되어 시세 대로 평가하여 △80억 원으로 할 수 있지만, 세금상으로는 △80억 원으로 할 수 없습니다.

세금은 룰이 매우 엄격하게 정해져 있기 때문에 실제로 팔아서 매각손(여기서는 80억 원)이 확정되지 않으면 손금(경비)으로 처리할 수 없습니다.

즉, 여기서 알아두어야 할 지식은 '세금은 룰상 실현된 손실이 아니면 손금(損金)으로 처리할 수 없다'는 것입니다.

그런데 앞에서 언급한 회사의 사례로 이야기가 되돌아갑니다.

법인의 실효세율이 40%라고 한다면 장부 가격(매입 당시의 가격) 100억 원의 토지를 실제로 20억 원에 매각하면 80억 원의 매각손이 확정됩니다.

회사의 이익이 80억 원 이상 되면 80억 원×40%＝32억 원의 세금이 줄어듭니다. 그것은,

20억 원(토지를 매각한 돈) ＋ 32억 원(토지를 매각하여 줄어든 세금)

＝ 52억 원

의 현금을 만들어 낸 것과 동일한 것이 됩니다.

이는 회사에 이익이 나고 있기 때문에 가능한 것이며, 회사에 이익이 없으면 이야기는 달라지지만 이론상으로는 동일합니다.

결국 회사는 현금 유동성이 중요하지만 현금 유동성을 진지하게 고려한다면 세금을 가미한 의사결정이 필요해집니다.

사실은 회계학적 지식이 있는 사람조차 세금을 가미하면서까지 현금 유동성을 고려하여 올바른 의사결정을 하고 있는 사람은 매우 적습니다.

제가 여기서 전하고 싶은 말은 오로지 다음의 두 가지입니다.

① 현금 유동성 경영을 고려하는 데는 세금 지식이 필요하다.

② 세금 지식은 많은 사람들이 생각하고 있는 것보다 매우 간단하다(자세한 룰은 지식으로는 불필요하다).

물론 대부분의 경영자에게 자세한 세금 지식은 불필요합니다. 단지 최소한도의 세금 지식만이라도 가짐으로써 더욱 올바른 회계 감각을 익힐 수 있다는 것입니다.

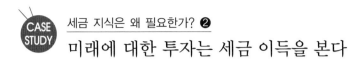

미래에 대한 투자는 세금 이득을 본다

잘 알려지지 않은 사실이지만 세제에는 정책적으로 만들어진 '특별상각(特別償却)'과 '특별세액공제'라는 제도가 있습니다.

특별상각이란, 일반적으로 감가상각을 하기보다 매년 많은 금액의 감가상각을 할 수 있어서 세금 납부 금액이 줄어드는 제도를 말합니다.

이를테면 1억 원의 설비투자를 하고 법정 내구 연수가 10년이라고 가정한다면 매년 1억 원÷10년＝1,000만 원의 감가상각비를 경비로 처리할 수 있지만, 세제상의 특별상각을 활용할 수 있다면 4년간 감가상각을 하는 것이 허용되어 매년 1억 원÷4년＝2,500만 원을 경비로 처리할 수 있도록 한 제도입니다.

회사로서는 동일한 금액을 지출했을 경우, 하루 빨리 감가상각할수록 그만큼의 경비를 늘릴 수 있고, 세금을 줄일 수도 있습니다.

또 특별세액공제란, 설비투자와 인재 개발을 한 경우에 그 지출 금액 중 일정 금액(비율)을 세금에서 공제할 수 있는 제도를 말합니다. 이를테면 종업원용으로 연수 등을 하면 지출한 금액 일부의 세액공제가 가능하기 때문에 납세 금액이 줄어들게 됩니다. 이는 국가가 일정 금액을 부담하는 보조금 등과 동일한 효과를 가지고 있습니다.

'특별상각'과 '특별세액공제'는 해당되는 기준과 금액을 알아두는 것만으로도 세금을 줄이는 것이 가능해집니다. 동일한 설비를 하더라도 세제에 적합하도록 하면 절세 효과를 거둘 수 있고 종업원에 대한 투자 또한 실질적으로 국가의 보조를 받으면서 실시할 수 있게 됩니다. 단, 이러한 제도는 적용 범위가 좁거나 정책적인 의미가 강하다는 점도 있으므로 매년 제도가 바뀌고 있습니다. 국세청 홈페이지 등에서 확인하기 바랍니다. 또 이것은 앞의 제3장에서 언급한 '미래에 대한 투자'로 분류되는 비용과 합산하여 고려할 필요가 있습니다.

Chapter

5

회사 가치를
회계학적으로 고려하다

• 지금 이 순간은 무엇 때문에 존재하는가? • 162

• 회사 가치는 무엇으로 결정되는가? • 164

• 회사의 가치를 높이려면? • 167

• 상장은 무엇 때문에 하는가? • 170

• 자금 조달과 시가총액의 관계 • 174

• 회사가 분식결산을 하는 이유는? • 177

• 분식결산을 꿰뚫어보는 세 가지 포인트 • 179

• 오래된 회사의 도산으로 보는 '재무제표에 없는

  회사 가치' • 182

• 정말로 가치 있는 것이란? • 184

지금 이 순간은 무엇 때문에 존재하는가?

다음의 궁극적인 두 가지 사항에 대답해보기 바랍니다.

① 지금은 정말 즐겁지만, 미래에는 줄곧 고생한다.
② 지금은 매우 힘들지만, 미래에는 하고 싶은 일을 할 수 있다.

이렇게 글을 쓰면 모든 사람이 ②를 선택하지만 현실적으로 많은 사람이 하고 있는 것은 유감스럽게도 ①이 아닐까요?

* 더 열심히 시험공부를 해두었더라면⋯.
* 젊었을 때 많이 비즈니스를 배워두었더라면 이런 고생은⋯.
* 매일 조금씩 해두었더라면, 이런 무리한 스케줄에⋯.

일상생활 가운데서도 항상 회계 감각이 요구되고 있습니다. 회계 감각이 있으면 '장기적으로 고려하는' 것을 이해할 수 있기 때문입니다. 회계학적으로 고려하면 지금 이 순간은 미래를 위해 존재하는 것이기 때문입니다.

좀 이해하기 힘들 것 같아 닭을 예로 들어 설명해보겠습니다. 닭의 가치는 다음 두 가지로 측정할 수 있습니다.

① 닭을 잡아서 닭고기로 판매한다.
② 닭이 낳는 알을 매일매일 계속 판매한다.

①의 경우에는 10만 원에 팔 수 있습니다.
②의 경우에는 10년간 매일 100원에 팔 수 있습니다.

그렇다면 어느 쪽을 선택하겠습니까?
단순 계산하여 100원×365일×10년＝36만 5,000원이므로 10만 원보다는 돈이 벌린다는 이유로 머릿속으로 ②를 선택하면서도 현실적으로 그와 같은 선택에 직면하면 어느 쪽을 선택할까요?
회계 감각으로 고려한다는 것은 바로 이를 말합니다.

비즈니스도 이와 마찬가지입니다.
회사는 도산을 전제로 사업을 하지 않습니다. 앞으로 사업을 계속해 나간다는 것을 전제로 하고 있는 것입니다.
그럼 어떻게 회사 가치를 가늠하는 것이 올바르며, 어떻게 하면 회사 가치를 높일 수 있을까요?

회사 가치는 무엇으로 결정되는가?

우리는 '시가총액(時價總額)'이라는 말을 자주 듣습니다. 주식투자 등을 하고 있지 않더라도 이 시가총액이라는 개념은 비즈니스상 알아두어야 할 회계지식 중의 하나입니다.

시가총액을 간단히 말하자면 그 시점에서의 '회사 가치'입니다.

그럼, '시가총액 = 회사 가치'라는 것은 어떻게 결정되는 것일까요?

'주가'란 투자가들의 주식 매매로 인해 오르내리지만 그 결과로서의 시가총액은 다음의 계산식으로 산출됩니다.

시가총액 = 주가 × 발행 주식 수효

그러나 투자가도 바보는 아닙니다. 주가가 높은지, 낮은지를 '시가총액 = 회사 가치는 얼마 정도일까?'로 역산하여 판단하고 주식을 매매하고 있습니다.

그러면 '투자가 = 마켓(시장)'은 시가총액을 어떻게 고려하는 것일까요?

해마다 1,000만 원의 돈을 만들어 내는 기계가 있다고 가정해봅시다. 끊임없이 연간 1,000만 원의 현금을 만들어주며, 더욱이 절대로 망가지지 않습니다. 이러한 기계가 있으면 반드시 돈을 마련하여 사겠죠? 그럼 얼마에 사겠습니까?

1,000만 원은 아니겠죠? 1,000만 원이라면 1년 동안 회수할 수 있으므로 누구든지 삽니다.

그럼 10억 원이라면? 회수에 100년 걸려도 반드시 해마다 1,000만 원 만들어주고 자신이 죽어도 상속재산으로 물려줄 수 있으므로 반드시 구입할 것입니다. 분명히 그만한 가치가 있을 것 같습니다. 이 기계와 마찬가지로 회사 가치는 이렇게 산출합니다.

이 기계와 회사의 결정적 차이는 '리스크(risk)'입니다. 기계는(어디까지나 가정이지만) 끊임없이 현금을 계속 만들어줍니다. 그러나 회사는 도중에 이익이 나지 않게 될 수도 있고, 최악의 경우에는 도산(가치 제로)해 버릴 수도 있습니다.

그러므로 '시가총액 = 회사 가치'는 항상 리스크분(分)을 에누리하여 계산합니다. 끊임없이 계속 돈을 벌 수 있는지, 아닌지는 아무도 모르기 때문입니다.

어쨌든 이해했으리라고 생각하는데,

시가총액 = 회사 가치 = 미래에 벌어들일 이익(현금)의 총합계

가 됩니다.

그렇다면, 매년 1,000만 원을 영구적으로 계속 만들어주는 기계의 가치는 '무한대'입니다.

미래에 벌어들일 현금 총액을 계산할 수 없기 때문에 이 기계를 매매한다면, 세계에서 제일 가는 갑부가 사는 수밖에 없다는 결론에 이르게 됩니다(이론상이지만).

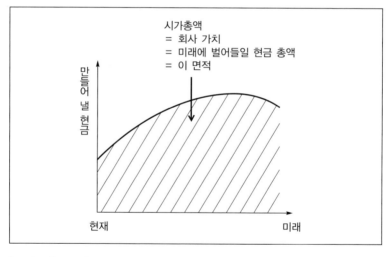

[그림 15] 시가총액

회사 가치를 높이려면

앞 항에서 기업의 시가총액은 '그 회사가 미래에 벌어들일 것이라 예상되는 현금 총액에서 리스크분을 에누리하여 산출한 가격'이라고 정의하였습니다.

이는 토지도 마찬가지입니다. 일본 부동산 매매의 대부분은 근처의 부동산이 매매된 금액을 참고로 하여 매매 가격을 설정하고 있지만, 이는 이론상 틀립니다.

왜냐하면 토지라는 것은 빌려준다던가 하여 미래에 현금을 만들어 내기 때문에 의미가 있는 것이지, 아무것도 만들어 내지 않는 것이라면 아무도 사지 않을 것입니다(자택의 토지를 구입하는 경우도 이와 마찬가지로 땅값을 지불하지 않아도 된다는 의미에서 실질적으로 현금을 만들어 내고 있다고 생각합니다).

즉, 회사도, 부동산도 미래에 만들어 낼 것이라는 미래의 현금 총액을 합산한 것이 '가치'인 것입니다.

그런데 여기서 착각하지 말아야 할 것은 '회사 가치 = 가격'은 하나가 아니라는 점입니다.

물건을 예로 들어 설명해보겠습니다. 저는 책을 기본적으로 버리거나 팔지 않습니다. 그 이유는 책을 저술할 때 참고자료로 사용하는 등 미래에 다시 읽어볼 가능성이 있다고 생각하기 때문입니다.

그렇게 제가 소장하고 있는 책 중에 이미 절판되어 프리미엄 가격이 붙은 책이 있을 수 있습니다. 많은 사람들에게는 단지 오래된 책일지 모르겠지만, 일부 사람들이 원하는 책이라면 통상적으로 상당히 비싼 가격이 매겨지는 수도 있습니다.

다시 토지를 예로 들어 설명해보겠습니다.

자신의 토지는 도로에 인접해 있는 부분이 좁아서 매물로 내놓아도 싼 가격만 매겨집니다. 그러나 그 토지 양쪽의 토지를 소유하고 있는 사람이 있다면 한 가운데의 땅을 사서 토지 면적을 넓히려고 생각할 수도 있습니다. 그 토지를 통상적으로 매매하면 싼값에 팔리는 수밖에 없지만 양 옆의 토지를 소유하고 있는 사람에게는 비싸게 팔릴 가능성이 높습니다.

회사도 이와 마찬가지입니다. 현재 시가총액이 10억 원인 회사라도 이 회사를 20억 원에 사고 싶다는 회사가 존재할 수도 있습니다. 이것이 일반적으로 말하는 '시너지'입니다.

자신의 회사와 인수하고 싶은 회사를 합병하여 '1+1'이 '2'를 초과할 것 같으면, 프리미엄을 붙여서라도 인수할 수 있습니다.

신문 등에서 자주 '40%의 프리미엄을 붙여서 매수' 등의 기사가 나오곤 하는데, 이것이 바로 시너지를 고려한 프리미엄(부가) 가격입니다.

그렇다면, 일단 정리해보겠습니다.

회사 가치를 높이는 데에는 다음과 같은 두 가지 방법이 있습니다.

① 미래 이익을 향상시킨다.
② 좋게 평가해줄 상대를 찾는다.

회사 가치를 고려해보면, 회계와 재무의 본질이 보이기 시작합니다.

상장은 무엇 때문에 하는가?

'상장회사'라고 하면 어떤 이미지를 떠올리게 됩니까?

'상장회사라니 굉장하구나!'
'창업자가 부자가 된다'
'상장회사로 전직하고 싶다'

'상장회사'는 사람에 따라 다양한 이미지를 가지고 있습니다. 그렇다면 회사는 무엇 때문에 상장하는 것일까요?

먼저 알아둘 것은 최근 상장하는 기업이 줄어들었다는 사실입니다. 2004년에 연간 150개 사를 초과하던 신규 상장기업이 2010년에는 20개 사를 조금 웃돌았습니다. 여기에는 몇 가지 이유가 있습니다.

① 상장 시기 연기
2009~2010년경에는 리먼쇼크의 영향 때문에 주가가 전체적으

로 낮았습니다. 이때에 상장하면 회사 가치가 낮아지기 쉽기 때문에 주식시장이 회복할 때까지 상장을 연기하는 기업이 많았다고 생각합니다.

② 상장에 대한 사고방식의 변화

라이브도어(한국의 '네이버' 일본 법인)와 무라카미 펀드가 한창 인기를 끌던 시절에는 '상장하는 것 = 좋은 것'이라는 생각이 들었는데, 최근에는 그 부작용이 발생하여 상장하는 단점도 지적되고 있습니다.

거듭 말하지만 신규로 상장하는 기업이 줄어든 그 이상으로 상장을 억지로 폐지하는 기업도 늘어났습니다.

예를 들어 츠타야(TSUTAYA)를 운영하는 CCC, 오피스용 커피 판매 1순위의 유니맛토라이프, 출판사 겐토샤도 주주들과 상당히 옥신각신한 끝에 상장을 폐지하게 되었습니다.

그다지 알려지지 않은 사실이지만, 처음부터 상장하지 않은 유명한 기업도 다수 있습니다. 이를테면 여행사 JTB와 택배회사 사가와큐빈은 상장하지 않은 회사 중에 지명도가 높은 회사임에 틀림없습니다.

상장의 메리트(merit)로 흔히 알려진 것은 '상장함으로써 인지도가 올라가거나, 거래할 수 있는 상대로부터의 여신이 올라가거나,

좋은 인재를 채용할 수 있게 된다' 등인데, 이러한 점들은 상장의 본질이 아닙니다.

주식시장에 상장함으로써 거래처로부터의 신용도는 확실히 향상되고 인재가 몰리게 되겠죠. 다만 이러한 점들은 어디까지나 부수적인 효과입니다.

반대로 말하자면 상장할 경우의 단점도 많이 있습니다. 가장 큰 단점은 상장 유지 비용이 비싸다는 점입니다.

년	2001	2002	2003	2004	2005	2006	2007	2008	2009	2010	2011	~2012.7
시장 제1부·제2부	86	86	87	96	62	73	45	41	19	20	38	18
Mothers[13]	7	8	33	57	37	41	23	13	4	6	12	10
합계	93	94	120	153	99	114	68	54	23	26	50	28

출처: 도쿄증권거래소 홈페이지

[그림 16] 신규 상장회사의 추이

상장을 유지하기 위해서는 감사법인의 감사를 받아야 하고, 그 감사비용을 부담해야 하며, 감사를 받기 위한 직원을 배치해야 하고, 개시 서류 등을 모두 기일 내에 개시해야 하는데, 그것만으로도 연간 최저한도로 수억 원의 비용이 듭니다.

그런데 결국 상장하는 것의 본질은 '자금 조달'에 있습니다. 상장

---

13 Mothers: Market of the high-growth and emerging stocks의 약칭으로 일본의 벤처기업 대상 증권거래소이다.

을 하면 주식 시장으로부터 직접 자금을 조달할 수 있습니다.

이와 반대로 말하면 시장에서의 자금조달이 불필요한 회사는 상장하지 않는다는 것입니다.

상장은 매스컴에 의해서도 잘못 인식된 경우가 많기 때문에 이번 기회에 올바른 인식을 가지기 바랍니다.

자금 조달과 시가총액의 관계

2012년에는 페이스북의 상장이 커다란 화제가 되었습니다. 당시의 시가총액은 '80조 원'이나 되었습니다.

80조 원이라는 금액이 얼마만큼 굉장한 돈인지 이해가 잘 안 되는 사람이 많을 것입니다. 2012년 5월을 기준으로 일본에서 최고의 시가총액을 가진 회사는 '도요타'였습니다. 이 도요타조차 시가총액은 100조 원이었습니다.

시가총액 2위의 '도코모'가 약 60조 원이었으므로 페이스북이 만약에 일본에서 상장했다면 순식간에 시가총액 2위가 되어 버립니다. 페이스북의 동종 업종으로 고려해보면, 일본에서는 야후가 IT 기업에서는 1위의 시가총액이었지만, 그럼에도 10조 원 정도이었으므로 페이스북의 시가총액이 어느 정도인지 가늠할 수 있습니다.

페이스북이 상장함으로써 사원 중에서 수천 명의 억만장자가 나올 일이 주목을 받게 되었는데, 이 중에서 가장 주목해야 할 점은 자금 조달 금액입니다.

상장이란 창업자와 사원을 억만장자로 만들기 위함이 아니라 어디까지나 시장(마켓)에서 자금을 조달하기 위한 것이므로 페이스북이 상장을 기회로 얼마의 자금을 조달했는지에 주목해야 합니다.

페이스북은 80조 원의 시가총액이라고 하면서도 자금 조달은 약 10조 원이었습니다. 그 금액에 머문 것은 그만큼의 자금 조달 필요성이 없음과 동시에 기존 주주들의 주식비율이 적어질 것을 두려워했기 때문일 것입니다.

시가총액에 비하면 '그 정도의 자금 조달로 괜찮을까?'라고 생각하기 마련입니다.

참고로 말하면 어디까지나 소문 차원이지만 페이스북이 상장한 것은(주식을 가지고 있는) 사원들을 포함한 주주들로부터의 요청이 매우 강했기 때문이라고 합니다. 현실적인 이야기를 하자면 어떤 의미로는 어쩔 수 없는 일입니다. 주식을 소유하고 있는 사원들은 회사로부터 "스톡옵션을 줄 테니까 열심히 해라"라는 말을 들어왔던 것입니다.

또 주주(출자자)는 단지 출자하는 것에는 관심이 없고 일반적으로 말하는 출구전략을 모색하고 있습니다. 주주들의 출구전략은 상장해주면 시장에서 주식을 처분하는 것이 실현되지만, 상장하지 않게(할 수 없게) 되면 M&A(매각) 정도로만 끝나 버립니다.

이렇게 되면 페이스북뿐만 아니라 현금에 여유가 있어서 자금 조달이 불필요한 회사라도 상장해야 할 상황에 직면하게 됩니다. 그야말로 목적과 수단이 뒤바뀌는 것입니다.

이전에는 상장한 후 최대한의 자금을 조달하여, 계속해서 그 돈을 사업에 투자하는 것이 대부분이었는데, 지금은 상장하기 전부터 VC(벤처 캐피털)뿐만 아니라 출자해줄 기업도 많아서 그만큼 상장에 구애받을 필요가 없는 시대가 되었습니다.

이야기가 되돌아갑니다만, 주식시장의 상장은 '자금 조달 수단'입니다. 상장할 회사를 살펴본다면 자금 조달 금액에 주목하여 이 회사는 얼마의 자금을 필요로 하는지를 회계학적으로 고려하는 습관을 들이는 것입니다. 그것이 회계지식을 향상시키는 것으로 이어집니다.

회사가 분식결산을 하는 이유는?

우리는 흔히 '분식결산[14](粉飾決算, window dressing settlement)' 이라는 말을 자주 듣습니다. 간단히 말하자면 매출과 이익을 크게 부풀려서 보여주는 것입니다. 왜 기업은 이익을 크게 부풀려서 보여주고 싶어 할까요? 분식을 하는 이유는 크게 세 가지로 분류됩니다.

① 은행에서 차입을 하기 위해

중소기업이 분식을 하는 이유는 단 한 가지입니다. 분식을 하지 않으면 은행으로부터 차입을 할 수 없기 때문입니다. 회사는 현금이 없으면 도산합니다. 바꾸어 말하면 적자가 계속되고 있더라도 (불건전하지만) 차입할 수 있으면 도산하지 않습니다. 그러므로 분식을 해서라도 은행으로부터 차입을 하려고 합니다.

그러나 이 방법은 매우 혹독합니다. 적자를 무리하게 흑자로 만들면 그만큼 세금도 발생하기 때문에 차입하여 세금을 납부하고 계

---

14 분식결산: 粉飾決算, window dressing settlement

속해서 그 차입을 상환하게 됩니다. 장기적인 안목으로 보면 은행의 차입을 상환하기 위해 사업을 하고 있는 듯한 상황이 됩니다.

② 면허나 인허가를 얻기 위해

면허나 인허가를 필요로 하는 업종이나 업태가 적자라면 그 면허 취득과 신청이 불가능한 경우가 있습니다. 건축·토목 입찰제도도, 적자 회사는 입찰에 참여할 수 없는 등의 제한이 있습니다. 면허가 없으면 사업을 할 수 없는 회사는 적자로 만들 수 없기 때문에 분식을 하는 경향이 있습니다.

③ 주가를 낮추지 않기 위해

상장기업이라면, 주가를 높이기 위해 분식결산을 합니다. 이미 개시한 예산(목표)에 도달하지 않으면 주주들의 실망을 사게 되고, 주가가 하락하기 때문입니다. 주가가 하락하면 M&A 때 주식교환으로 불리해지거나, 제3자 할당에 의한 시장으로부터의 자금 조달에서 불리해집니다. 회사로서는 분식결산을 해서는 안 된다는 것을 머리로는 기억하고 있더라도 분식결산을 하는 목적(이유)이 강력할 경우에는 실행에 옮겨 버리곤 합니다.

분식결산을 꿰뚫어보는 세 가지 포인트

비즈니스에서 결산서를 보고 판단을 해야 할 경우는 대개 다음의 두 가지 패턴입니다.

- 거래처 결산서를 보고 여신을 관리한다.
- 상장회사의 결산서를 보고 투자 판단을 한다.

이러한 경우의 전제 사항은 당연히 그 결산서가 '정확해야 한다는 것'입니다. 그러기 위해 적어도 상장회사에는 감사법인이 감사를 하고 있지만 그럼에도 불구하고 분식결산을 꿰뚫어볼 수 없는 경우가 있습니다. 실제로는 올림푸스처럼 손실을 은폐하거나, 상장을 유지하기 위해 채무초과를 피하거나, 주가를 끌어올려 자금을 조달하기 위해 분식결산에 손을 대고 있는 상장기업이 많이 있습니다.

이것은 감각론이지만, 많은 중소기업은 은행 대책을 위해 분식결산을 하고 있기 때문에 결산서를 제출받더라도 그것을 얼마만큼

신용할 수 있는지가 문제가 되는 것입니다.

그렇기 때문에 분식결산 수법을 알아두어야만 분식하고 있다는 사실을 꿰뚫어볼 수 있습니다.

솔직히 말하면 감사법인도 분식결산을 꿰뚫어보지 못하므로, 회계의 아마추어가 꿰뚫어보는 통찰력을 가진다는 것은 쉬운 일이 아닙니다.

그러나 분식결산을 꿰뚫어보는 것을 포기해 버리면 그만큼 회계를 배우는 의미가 없어져 버리는 것도 사실입니다. 기본적인 것만이라도 알아두어야 합니다.

분식 방법은 세 가지 종류로 분류됩니다(참고로 말하면 탈세 방법도 완전히 반대인 세 가지 종류입니다).

① 매출을 늘린다

사실은 존재하지 않는 매출을 늘리는 것이므로 현금은 늘어나지 않습니다. 미수금이 쌓여 갈 뿐입니다. 그러므로 매출에 비해 미수금이 많거나 전년도부터 증가했다면 주의할 필요가 있습니다.

② 손실을 줄인다

본래는 확정된 손실을 연기하거나 결산서에 계상하지 않는 방법을 취할 수 있습니다. 올림푸스의 수법은 이에 해당합니다.

③ 매출과 사입을 동시에 늘린다

물건을 사입하여 판매하는 업종의 경우, 매출만 늘려도 사입은 늘어나지 않기 때문에 조리율(매출총이익)이 극단적으로 늘어나는 결산서가 됩니다. 그러므로 매출과 사입 양쪽 모두 늘어나는 것입니다.

분식은 어느 정도 패턴이 정해져 있으므로 공부하면 의외로 어렵지 않습니다.

오래된 회사의 도산으로 보는 '재무제표에 없는 회사 가치'

2012년 8월, Cafeglobe의 도산이 매스컴에 보도되었습니다.

Cafeglobe는 여성용 웹 서비스 전문의 개척자적인 회사입니다. 자주 이름을 듣지 않게 되자, 잊어버리고 있던 사람들도 많을 것입니다. 매스컴 보도 기사를 읽고 '자금 조달이 악화되던 중 전직 종업원에 의한 횡령도 발각, 경영이 벽에 부딪혔다'라고 보도되었으므로 전형적인 도산 패턴이라고 생각하겠지만 저로서는 상당히 의아스러운 생각이 듭니다. 그것은 바로 '왜 도산 수속을 밟기 전에 회사를 매각하지 않았을까?'입니다.

Cafeglobe는 도산 당시 30억 원 정도의 매출에 10억 원의 차입이 있었고, 더욱이 종업원의 횡령까지 있었으므로 현금은 없었을 것임에 틀림없습니다. 그러나 'Cafeglobe'라는 브랜드 가치를 높이 평가하는 회사는 많은 것 같습니다. 즉, '10억 원 이상의 가치가 있으면 도산 같은 것을 하지 말고 매각하여 지불해야 할 것을 지불해도 현금이 남는 것이 아닐까?'라고 생각합니다.

이것은 저의 추측이지만 경영자는 '적자 혹은 빚이 있는 회사를 매각할 수 없잖아', 즉 '인수해줄 회사 같은 것은 없다'고 생각하고 있었던 것은 아닐까요?

실제로 그 후 Infobahn 회사가 인수하여 사업 계승이 발표되었지만 이것은 도산이 확정된 후 그 정보를 안 스폰서(인수하고 싶은 회사)가 나타나 영업을 계속하기로 했다는 것입니다.

여기서 알아두어야 할 점은 회사 가치는 재무제표에 모두 나타나 있지 않다는 것입니다.

재무제표에 없는 자산은 많이 있습니다. 그 대표적인 것이 '브랜드 가치'입니다. Cafeglobe의 브랜드 가치가 얼마인지는 차치하고서라도 Cafeglobe를 인수하는 회사는 하룻밤 사이에 사이트의 신뢰성과 지명도를 확보할 수 있는 것입니다.

그 가치가 10억 원을 초과한다고 판단하는 회사가 있다면 Cafeglobe는 차입금을 모두 상환하고, 거래처와 은행에 손해를 끼치지 않고도 사업에서 철수할 수 있습니다.

이미 언급한 대로 회사 가치라는 것은 미래에 벌어들일 현금 총액이지만, 현재로서는 미래에 벌어들일 수 없는 회사·사업도 브랜드 가치 등을 높이 평가하여, 잘만 한다면 '미래에 벌어들일 수 있는 회사·사업'으로 전환시켜줄 회사도 있기 마련입니다.

비록 재무제표가 엉망이더라도 가치라는 것은 다른 분야에서 발생하는 것입니다.

정말로 가치 있는 것이란?

이 책도 어느덧 끝에 다다랐습니다. 마지막 코멘트로서 여기에 진실을 써두고자 합니다. 그것은….

'회계만으로 올바른 의사결정을 할 수 없다'

이제까지 언급한 내용을 모두 뒤집어엎을 정도의 말이라고 생각할 수 있지만, 그렇지는 않습니다. 그러나 사실입니다.

'회계만으로 올바른 의사결정을 할 수 없는 이유는 회계란 '돈이 움직여야만 인식할 수 있기' 때문입니다.

1,000원의 볼펜을 사면 회계상 P/L에 1,000원이 비용으로 인식됩니다. 1,000만 원의 자동차를 사면 회계상 B/S에 1,000만 원의 자산으로 인식됩니다.

그러나 돈을 지불하지 않은, 또는 지불했지만 어디에 공헌했는지 알 수 없는 것은 회계상 인식할 수 없습니다. 대표적인 것이 다음과 같은 것들입니다.

- 브랜드
- 노하우
- 고객 리스트
- 종업원들 수준

어느 것이나 미래에 이익을 낳는 원천이라는 의미에서는 회사에 가치가 있는 것들 뿐입니다. 그러나 그 어느 것도 B/S 자산에는 계상되지 않습니다.

회사는 여러분들의 보이지 않는 자산인 '지식·능력·노하우·경험·의욕'을 높이 평가하여 채용한 것이지, 여러분이 갖고 있는 자산액으로 채용한 것이 아닙니다.

여러분이 지금 이렇게 돈과 시간과 노력을 들여 이 책을 읽고 있는 것은 능력이나 노하우라는, 회계상 인식할 수 없는 자산을 입수하기 위함일 것입니다.

돈으로 인식할 수 없는 것이라도 가치는 있습니다.

아니, 이와 반대로 돈으로 가늠할 수 없는 것이야말로 진정한 가치가 있는 것입니다.

회계라는 하나의 도구를 활용하여 직업이나 인생의 다양한 장면에서 의사결정을 한다는 것은 매우 중요하며, 의미가 있는 것입니다.

그러나 거듭 말하지만 회계라는 도구로 무엇을 의사결정할 수 없는 것인지를 아는 것에도 의미가 있는 것입니다.

금액으로 가늠할 수 있는 것과 눈에 보이는 것에만 구애받지 말고 더 올바른 의사결정을 추구해 나갈 필요가 있습니다.

회계는 자전거를 타는 것처럼 배워라

"회계를 마스터하는 방법은 무엇입니까?"

이러한 질문을 받으면 저는 다음과 같이 대답합니다.

"먼저 처음부터 부기를 공부하는 것입니다."

회계를 마스터하여 업무에 활용할 수 있으려면, 부기를 처음부터 공부하는 것이 좋습니다.

회계를 공부하기 시작했을 때는 분개(分介)의 의미조차 이해하지 못하고 도중에 좌절해 버리는 사람이 많습니다. 그러나 한 번 분개를 이해하고 재무제표까지 스스로 작성할 수 있게 되면, 회계는 그렇게 어렵지 않습니다.

그러나 애초에 반드시 회계를 마스터할 필요가 있을까요?

업무에서 회계를 활용한다고 하더라도 대부분의 사람들은 B/S나 P/L을 작성하는 것이 아니고, 재무제표를 보는 일조차 거의 없다는 것이 현실적입니다.

- 업무 현장에서 이야기조차 통하지 않는다.
- 올바른 의사결정을 할 수 없다.
- 일상생활에도 회계는 관련되기 마련이다.

이러한 과제를 극복할 수가 없는 것 또한 사실입니다. 그럼, '회계를 마스터하지 않더라도 업무에서 회계를 활용할 수 있는 방법은 없을까요? 이 어려운 과제에 도전한 것이 이 책입니다.

업무에서 회계를 활용할 수 있다는 것은, 자전거를 타는 것과 동일합니다. 자전거를 타려면 맨 처음에는 무엇을 해야 하는지조차 모르지만 한 번 탈 줄 알게 되면 별것 아닙니다. 얼마 동안 자전거를 타지 않았더라도 자연스럽게 조종하며 탈 수 있습니다.

거기에는 순번이나 요령 등의 이론은 없습니다. 바로 '감각'입니다.

'회계를 마스터하는 방법은 무엇입니까?'라는 질문은 자전거를 탈 줄 아는 사람에게 '어떻게 하면 자전거를 탈 줄 알게 됩니까?'라고 질문하는 것과 같으며, 자전거를 탈 줄 아는 사람의 입장에서는 "어떻게?"라는 질문을 받더라도 "감각으로 타는 걸요"라고 대답하는 수밖에 없습니다.

그 감각만 전해줄 수 있다면 자전거를 탈 줄 알게 됩니다. 회계도 이와 마찬가지로 지식이나 체계화된 노하우를 터득하더라도 업무에 활용하는 일은 거의 없습니다.

그래서 가능한 한 '회계 감각'을 전해드렸습니다.

영어 단어를 많이 안다고 해서 영어로 말을 할 줄 아는 것은 아닙니다.

회계 또한 많은 지식이 있다고 해서 업무에 회계를 활용할 수 있는 것은 아닙니다.

적은 지식이라도(이와 반대로 말하자면 최소한의 지식은 필요하지만), 그것을 활용하는 사고방식이 가장 중요한 것입니다.

이 책을 읽으면서 올바른 회계 감각을 익힌다면 저자로서 이보다 더한 기쁨은 없습니다.

마지막으로 이 책의 집필에 여러 가지 도움을 주신 관계자 분들께 진심으로 감사드립니다.

휴일에 가족 나들이도 가지 않고 집필에만 몰두하는데도 아무런 불평 없이 참아준 가족들에게 고마운 마음을 전하고 싶습니다.

또 앞서 출간한 『경영 이외의 사람들을 위한 일본에서 가장 쉬운 회계 책』을 읽고 감상문을 보내주신 분들의 "내친김에 회계 책을 써 주십시오"라는 요망에도 부응했다고 생각합니다.

그리고 이 책을 손에 들고 마지막까지 읽어주신 여러분들께 진심으로 감사의 말씀드립니다. 정말 감사합니다.

저자　구보 유키야

주석

＊이 책의 가격 단위는 1엔을 10원으로 환산하여 기재하였습니다.

1 PDCA 사이클: Plan(계획) → Do(실행) → Check(검증) → Act(개선)의 흐름으로 그 결과를 다음 계획에 반영하는 프로세스를 말한다. 최초 고안자는 '슈하르트'이고 이것을 체계화한 데밍(Deming) 박사의 이름을 따서 미국에서는 '데밍 사이클'이라 불리고 있다. • 35

2 ROA(Return On Assets): 총 자산순이익률, 즉 기업의 총 자산에서 당기순이익을 얼마나 올렸는지를 가늠하는 지표 • 40

3 ROE(Return On Equity): 자기자본비율 또는 자기자본이익률, 즉 투입한 자기자본이 얼마만큼의 이익을 냈는지를 나타내는 지표 • 40

4 하이 리스크·하이 리턴: high risk·high return • 65

5 로 리스크·로 리턴: low risk·low return • 65

6 스트럭(struck)도: 변동 손익계산서를 도식화한 도표 • 77

7 지렛대 효과(Leverage Effect): 자기자본과 차입금으로 투자했을 때 자기자본 투자로부터 얻어들이는 수익률이 정(+)의 레버리지일 때를 말한다. • 117

8 대차대조표(B/S): Balanced Sheet • 124

9 손익계산서(P/L): Profit and Loss Statement • 124

10 http://www.toyota.co.jp/jpn/investors/financial_results/2012/year_end/yousi.pdf • 131

11 C/S: 현금 흐름표(Statement of Cash Flows) • 150

12 C/F: 현금 흐름표(Cash Flow Statement) • 153

13 Mothers: Market of the high-growth and emerging stocks의 약칭으로 일본의 벤처기업 대상 증권거래소이다. • 172

14 분식결산: 粉飾決算, window dressing settlement • 177

경영을 알 수 있는

세상에서 제일 쉬운 회계 책

2016. 1. 25. 초판 1쇄 발행
2017. 9. 7. 초판 2쇄 발행

지은이 | 구보 유키야
옮긴이 | 김영진
펴낸이 | 이종춘
펴낸곳 | **BM** 주식회사 성안당
주소 | 04032 서울시 마포구 양화로 127 첨단빌딩 5층(출판기획 R&D 센터)
     | 10881 경기도 파주시 문발로 112 출판문화정보산업단지(제작 및 물류)
전화 | 02) 3142-0036
     | 031) 950-6300
팩스 | 031) 955-0510
등록 | 1973. 2. 1. 제406-2005-000046호
출판사 홈페이지 | **www.cyber.co.kr**
ISBN | 978-89-315-7892-8 (03320)
정가 | **12,800원**

이 책을 만든 사람들
책임 | 최옥현
편집·진행 | 조혜란
교정·교열 | 안종군
본문 디자인 | 김인환
표지 디자인 | 박원석
홍보 | 박연주
국제부 | 이선민, 조혜란, 김해영, 고운채, 김필호
마케팅 | 구본철, 차정욱, 나진호, 이동후, 강호묵
제작 | 김유석

■ 도서 A/S 안내

성안당에서 발행하는 모든 도서는 저자와 출판사, 그리고 독자가 함께 만들어 나갑니다.
좋은 책을 펴내기 위해 많은 노력을 기울이고 있습니다. 혹시라도 내용상의 오류나 오탈자 등이
발견되면 "좋은 책은 나라의 보배"로서 우리 모두가 함께 만들어 간다는 마음으로 연락주시기
바랍니다. 수정 보완하여 더 나은 책이 되도록 최선을 다하겠습니다.
성안당은 늘 독자 여러분들의 소중한 의견을 기다리고 있습니다. 좋은 의견을 보내주시는 분께는
성안당 쇼핑몰의 포인트(3,000포인트)를 적립해 드립니다.
잘못 만들어진 책이나 부록 등이 파손된 경우에는 교환해 드립니다.

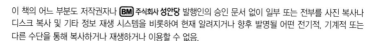